identidad

¿QUIÉN ERES?

Russell D. Blackman, Jr.

PUBLISHED BY
KWP PUBLISHING COMPANY
AN IMPRINT OF KINGDOM WORD PUBLICATIONS
ALBION, MICHIGAN 49224

Printed in the U.S.A

identidad ¿*Quién Eres??*
Copyright © 2011 Russell D. Blackman, Jr.
Todos los derechos Reservados
Traducido por: Gabriela Velarde
Lectura de corrección: Steve y Araceli Hobby

ISBN 978-0-9712916-3-8
Library of Congress Control Number: 2014948098

A menos que se indique lo contrario, todas las referencias bíblicas han sido tomadas de la versión Reina Valera Contemporánea.

Ninguna porción de este libro podrá ser reproducida, grabada en un sistema de recuperación, o transmitida en ninguna forma, en ningún formato electrónico, fotocopia, grabación, u otro medio, excepto como citas breves en resúmenes impresos, sin el consentimiento previo del publicador.

Cover Design **WRITERIGHTPRO PUBLISHING SERVICES**
Professional Copy Edit Services by **KINGDOMSCRIBE SERVICES**

Tabla de Contenidos

Dedicatoria — v

Capítulo 1 — 1
Cristiano/Discípulo/sacerdote
Cristiano: Un seguidor de Cristo

Capítulo 2 — 13
El Reino de Dios: es la dimensión en la cual el reinado de Dios es experimentado

Capítulo 3 — 25
¿Quién Eres?

Capítulo 4 — 36
Semilla: La Fuente de cualquier cosa

Capítulo 5 — 49
Estaciones: Cualquiera de las estaciones del año; Primavera, Verano, Otoño e Invierno: Un tiempo cuando algunas cosas toman lugar

Capítulo 6 — 69
Identidad: La misma Naturaleza o Carácter con la misma Singularidad. Naturaleza: La hechura de alguien o algo.

CARÁCTER: UN RASGO O CUALIDAD DISTINTIVOS

CAPÍTULO 7 74

PALABRAS/EXPECTACIÓN

PALABRAS: UN DISCURSO, SONIDO, O SERIE DE SONIDOS, QUE TIENEN SIGNIFICADO COMO UNA UNIDAD DE LENGUAJE, LA REPRESENTACIÓN ESCRITA O HABLADA; UNA PROMESA O GARANTÍA.

EXPECTACIÓN: ALGO ANHELADO; UN ESPERAR; ANTICIPACIÓN, UNA RAZÓN PARA ESPERAR ALGO

CAPÍTULO 8 88

CONOCER/VELO

CONOCER: TENER CONOCIMIENTO

VELO: CUALQUIER COSA USADA PARA OCULTAR, CUBRIR, SEPARAR

CAPÍTULO 9 98

COSECHA: EL TIEMPO DEL AÑO CUANDO EL GRANO O EL FRUTO SON RECOGIDOS, O EL RESULTADO DE CUALQUIER ESFUERZO

CAPÍTULO 10 111

ADORACIÓN: UN RITO DEL SERVICIO QUE MUESTRA REVERENCIA POR UNA DEIDAD. AMOR O ADMIRACIÓN INTENSOS.

Dedicatoria a Mi Familia

A mi amorosa esposa, Kelly, porque sin ti yo no podría hacer lo que hago por el Reino de Dios, sin tu constante apoyo y aliento a lo largo de los años de servicio en el ministerio. Y especialmente por tu paciencia en soportar muchas largas y solitarias noches mientras yo estuve en el campo misionero para el Señor.

Tú has sido madre y padre a los niños mientras estuve fuera de casa. Se requiere una mujer especial de Dios (Proverbios 31) para tratar conmigo y manejar la casa de la manera que lo has hecho todos estos años. Yo siento que todavía estamos en nuestra luna de miel después de todos estos años, porque yo estoy más enamorado de ti ahora que cuando recién te conocí. Tú eres la Miel y mi Corazón es la luna.

A mis hijos Grace, Faith y Russell (Daniel), quienes son las bendiciones de mi vida. Tienen que ser niños especiales para entender que al hacer la obra del Señor, ustedes son primero, antes que el ministerio. Si no se los he dicho antes se los digo ahora, que el ministerio empieza en casa con ustedes y vuestra madre. Yo sé que Dios realmente me ha bendecido con hijos maravillosos, y estoy muy orgulloso de ustedes y de lo que Dios tiene para sus vidas y ministerios.

A la memoria de todos aquellos que creyeron en mi y el llamado del Señor sobre mi vida. Mi abuela Gussy le dijo a mi madre que yo llevaría el evangelio a las naciones del mundo. Mi tía Hazel Perry se tomó el tiempo para mostrarme el poder de la Palabra de Dios al ser un ejemplo para mi vida.

Un agradecimiento especial a mi madre Mary Blackman. Ella fue mi corazón, y es la razón de que yo sea quien soy hoy día en la vida y el ministerio. Cuando todos apartaron su mirada de mí por cómo yo estaba, ella se levantó por mí y me tomó de la mano y me dio esperanza cuando yo no podía encontrar mi salida.

Gracias especiales a mi padre Russell Blackman, quien fue un hombre que nunca me mostró temor aun cuando me contó que estaba muriendo de cáncer. El fue a mis partidos de básquetbol aun cuando no se estaba sintiendo bien y eso me bendijo más de lo que él nunca pudo imaginar.

Agradecimientos especiales a mis hermanas Barbra,

Roslyn, Brenda, Rose y a mi hermana menor Debbie. Gracias en especial a Chantae Whitehead, quien me ayudó en un tiempo de necesidad para terminar la tarea que el Señor me había dado.

Especialmente gracias a mis pastores Joel y Brenda Price, Ron Ozer, Tim Kurtz y al resto de la Familia de Dios.

Capítulo 1

CRISTIANO/DISCÍPULO/SACERDOTE
CRISTIANO: UN SEGUIDOR DE CRISTO

En el libro de Hechos, a menudo llamado HECHOS[1], escuchamos la palabra 'cristianos' por primera vez;

> *"...Y fue allí en Antioquía en donde a los discípulos de Jesús se les llamó cristianos por primera vez" (Hechos 11:26). .*

En el mundo hoy en día, tenemos muchas personas que se llaman a sí mismas cristianos y no teniendo prueba

---

[1] Del Inglés FACTS, es **F**aith **A**ctivating **C**hristians **T**eaching **S**alvation (Cristianos Activadores de Fe que Enseñan Salvación)

de lo que se están llamando a sí mismos. Para caminar en el poder de ser un verdadero seguidor de Cristo debemos mirar quién fue y es Jesús en el siglo 21.

Cuando le pedí a Jesús que viniera a mi vida, las cosas cambiaron para mí y aquellos que me conocían simplemente como el pequeño Russell Blackman Jr. Yo sabía que las cosas nunca serían igual en mi vida; aquello que acostumbraba hacer, no quería hacerlo más. No tenía el deseo por las drogas ni las mujeres detrás de las cuales solía ir porque Jesús era y es el amor de mi vida.

Así como mucha gente, yo pensé que porque ahora yo era un verdadero seguidor de Jesús, todo estaría bien. Todo encajaría con lo que yo escuchara decir al predicador y no tendría más preocupaciones, después de todo ¡yo tenía a Jesús en mi vida! Yo oré "la Oración de Fe" y sabía que si muriera justo en ese momento, yo estaría con Jesús y el cielo sería mi hogar. ¿Eso le suena correcto? Yo estaría con Jesús y el Cielo sería mi Hogar.

Yo no estaba informado de que la carne (debilidad) tendría que morir cada día. Yo asumía que cuando oré esa oración yo estaba bien con Dios. Yo le había pedido a Jesús, Su Hijo, que viniera a mi vida y ahora Él era (y es) mi Señor y Rey. Yo hice como me dijeron, "Lee la Biblia y ve a la iglesia". Entonces el resto estaría bien entre Dios el Padre y yo. Yo no estaba informado sobre quién soy yo en el Reino de Dios o cuál era mi identidad en ese Reino.

Por muchos años yo pensé que ser un cristiano se tenía que ver con leer la Palabra de Dios e ir a la iglesia para escuchar un mensaje sobre cómo ser un buen cristiano. Yo tuve muchos obstáculos en este caminar que ellos laman ser un 'cristiano', pero yo sabía que algo estaba faltando en mi vida. Aun cuando yo hablaba 'otras lenguas', todavía sentía que había algo más para esta vida, pero ¿qué era? Ser llamado un seguidor de Cristo tenía que ser más que lo que yo estaba experimentando; y si no, ¿por qué seguir si yo hubiera podido quedarme en el mundo? ¡Esto no puede ser todo!

El poder de conocer nuestra identidad es conocer Quién es ese Poder. Yo estaba ministrando en Inglaterra a los hijos de Dios cuando el Señor dejó caer en mi espíritu la razón de por qué, quienes nos llamamos a nosotros mismos cristianos, vivimos un estilo de vida de derrota. Yo me di cuenta de que las cosas vienen a nuestras vidas para probar nuestra fe en Jesucristo. Nosotros nos encontramos a nosotros mismos en el campo enemigo tratando de encontrar nuestra salida de las trampas que él nos ha tendido diariamente. Sin embargo, yo nos urjo, como cristianos hoy en día, a buscar el rostro del Padre en cada área de la vida y que sepamos que Él y solamente Él nos llevará a través de estas pruebas.

¡Lo que necesitamos entender es que nosotros no podemos tener un testimonio sin pasar una prueba! La prueba no es para eliminarnos sino para ver dónde ponemos nuestra confianza y cómo nos vemos a nosotros mismos en Cristo Jesús.

¡Hijos de Dios, nosotros tenemos toda [sin que falte nada] la Gloria respaldándonos!

Como cristianos decimos "El Señor nunca llegará tarde, aun si Él llega a las 11:59, Él está a tiempo". Nosotros creemos que somos cristianos porque nos hemos trasladado hacia el verdadero poder del discipulado, el sacerdocio de nuestro llamado. Pero ¿qué pasa si Él no llega hasta las 12:15 a.m.? ¿Sigue siendo Él el mismo y sigue estando a tiempo?

Discípulo: Un Alumno o seguidor de cualquier maestro o escuela; aprendices, estudiantes.

Permíteme tratar con lo que la iglesia denomina "Discipulado". En el caminar cristiano nosotros tomamos a aquellos que desean convertirse en un discípulo, y les enseñamos y entrenamos en una iglesia o ministerio. Nosotros vamos a Primera de Corintios, capítulo 13 [el capítulo del amor] y les decimos cómo hemos de amar el uno al otro si deseamos ser discípulos de Jesús, pero ¿les mostramos y enseñamos esto completamente?

Yo le pregunté a un pastor de una iglesia grande en la que yo tuve el placer de ministrar, "¿Cómo haces discípulos para Cristo?" Él me llevó a través de muchas buenas escrituras y yo pude ver cuán bien él estaba haciéndolo en la iglesia y cómo estaba creciendo su rebaño. Sin embargo, a través de las citas que él dio de las Escrituras, yo le dije que él había olvidado la escritura más importante de todas en el crecimiento del discipulado.

Él me miró y dijo, "No, yo las he cubierto todas." Yo le pregunté, "¿Qué hay acerca de Juan 13:35?" Él respondió, "¿Qué hay con esa escritura?" Yo empecé a compartir con

él cómo el Señor me mostró que ésta es la clave del verdadero discipulado en el Cuerpo de Cristo. Él luego me preguntó, "¿Qué dice?". Su pregunta abrió una puerta para que yo compartiera esta maravillosa escritura con él. ".
"*En esto conocerán todos que ustedes son mis discípulos, si se aman unos a otros.*" *(Juan 13:35)*.

Yo había sido enseñado que un discípulo es uno que sigue a Jesús, no uno que camina en su amor con otros. Yo he dado clases sobre ser un verdadero discípulo y ni siquiera me gustaba la gente a la que estaba enseñando. Seamos reales acá y saquémonos la máscara de la religión. ¿Cómo puedo decir que soy un seguidor de Cristo y un verdadero discípulo cuando no perdono a mi hermano que está sentado a mi lado?

Queremos ganar a los perdidos con nuestro lío no permitiendo que ellos nos vean amándonos el uno al otro más allá de nuestras faltas. Si se nos pidiera que levantáramos la mano, yo tendría que levantar ambas manos en el aire. Yo sé que todos tenemos algo sobre lo cual trabajar, pero el mundo solamente puede ver a Cristo cuando nosotros caminamos conociendo nuestra identidad en Cristo Jesús. Cuando podemos mostrar nuestro amor el uno por el otero y no tener amargura en nuestros corazones el uno hacia el otro, luego todos los hombres conocerán que nosotros somos verdaderos seguidores [Discípulos] de Cristo y ellos desearán a 'Quien' tenemos en nosotros, a "JESÚS". Esa es la verdadera identidad que tú y yo tenemos, Su AMOR (Juan 3:16).

SACERDOTE: UNA PERSONA DE RANGO ESPECIAL QUE EJERCE RITOS EN UN TEMPLO DE DIOS O A DIOS.

¡Yo escucho más gente hablar acerca de su vida como cristianos que de ser un sacerdote! "Pero ustedes son linaje escogido, real sacerdocio...." (1 Pedro 2:9). Esta escritura nos dice quiénes somos.

Yo me estaba preparando para ministrar en una iglesia en Bristol, Inglaterra cuando el Señor habló a mi corazón acerca de este asunto. El dijo,

> "Hijo, mi pueblo habla acerca de sus vidas como cristianos y de lo que ellos pueden y no pueden hacer. Cuando ellos piensan que yo los apoyo y protejo, ellos sienten que pueden hacer cualquier cosa. Pero cuando yo no me muevo cuando ellos

piensan que yo debiera moverme, o cuando no Me sienten, ellos claman con temor como si Yo los hubiera dejado solos. Un discípulo puede seguir la guía de Aquel que lo ha llamado aun cuando Él no pueda ser visto."

Cuando vemos a Jesús, vemos el precio que fue pagado en la cruz por nuestros pecados, no podemos ignorar esto. Nosotros lo damos por hecho y nada más. Entonces cuando nos equivocamos, no podemos decir simplemente que Él Sabe que somos meramente humanos, pedir por perdón y seguir con nuestras vidas. Pedro dijo que necesitamos entender nuestra identidad en el llamado que hemos recibido de parte de Dios. El nos llamó real sacerdocio[2] y ¡eso conlleva más que el título "cristiano" de hoy en día!

La Palabra de Dios nos cuenta en Números 18, cómo Dios, el Padre, veía al sacerdocio de aquellos que Él había escogido para ese ministerio. Si nosotros viéramos el rol del sacerdocio no haríamos las cosas que hacemos hoy en día como cristianos debido al temor al juicio de Dios, el Padre. Nosotros decimos que tenemos gracia y que Dios conoce nuestros corazones y la caída de la raza humana.

---

[2] 1 Pedro 2:9

> *"Entonces, ¿qué diremos? ¿Seguiremos pecando, para que la gracia abunde? ¡De ninguna manera! Porque los que hemos muerto al pecado, ¿cómo podemos seguir viviendo en él?" (Romanos 6:1-2)*

Cuando nosotros empezamos a vernos a nosotros mismos como Sacerdotes, que han sido llamados por Dios, el Padre, ¡Entonces nosotros empezaremos a conocer el poder de nuestra identidad como Su real sacerdocio! Nosotros necesitamos saber que los deberes de sacerdote estaban en el templo y luego eran llevados fuera. En Números 18:1,

> *"El Señor dijo a Aarón: Tú, tus hijos junto con la familia de tu padre, serán los responsables si pecan contra el Santuario, pero tú y tus hijos serán los responsables si pecan en su el Sacerdocio".*

Si nosotros tomamos nuestro llamado de parte del Señor de esta manera, nosotros estaríamos más conscientes de a quién ministramos diariamente – nosotros servimos a Dios, el Padre.

Los hombres no llamaron a Aarón, sino que el Padre lo llamó a él y a su familia para el ministerio de sacerdocio, ¡y ellos tenían que tomarlo muy seriamente o podrían morir!

¿Qué pasaría si nuestras vidas dependieran de esta clase de servicio? ¿Cuánto tiempo piensas que duraríamos en el servicio del Señor hoy en día? Nosotros estamos llamados a un real sacerdocio, lo cual significa que no somos simplemente cristianos o discípulos de Cristo, somos una...

> "... linaje escogido, real sacerdocio, nación santa, pueblo adquirido por Dios para que anuncien los hechos maravillosos de aquel que los llamó de las tinieblas a su luz admirable." (1Pedro 2:9).

Solamente el sacerdote podía entrar al Lugar Santísimo de Dios o ir detrás del velo donde el Arca del Pacto estaba ubicada. Cuando nosotros caminemos en nuestro llamado del sacerdocio y adoremos a Dios como ellos lo hicieron con una verdadera reverencia a Él siendo Santo, ¡conoceremos el poder de nuestra identidad! Los Levitas tuvieron la oportunidad de ver el mover de Dios porque ellos podían entrar al Lugar Santo y sentir el poder de la presencia de Dios.

Una cortina separaba el Lugar Santo del Lugar Santísimo, el sacerdote llevaba a cabo su servicio delante del Señor. El candelabro de oro [la Menorah] se hallaba al lado izquierdo del sacerdote cuando ellos entraban al Lugar Santo (Éxodo 25:31-40). Además en el Lugar Santo estaban la mesa para el pan de la presencia [el pan de la proposición] (Éxodo 25:23) y el altar de oro del incienso (Éxodo 30:1-9).

Cuando tenemos un mover del Señor, éste está basado en el entendimiento de lo que hay en la casa del Señor (II Reyes 4:1-2). Al movernos hacia el poder de nuestro sacerdocio en nuestra identidad, entonces conocemos la diferencia de la presencia del Señor y somos capaces de recibir del Señor así como los Israelitas. Cada objeto tenía un significado que el sacerdote tenía que conocer para que pudiera ministrar al Señor.

La "Menorah" o lámpara representaba la presencia del Espíritu Santo que fluía en el Lugar Santo cuando el sacerdote ministraba delante del Señor diariamente. La "Mesa del Pan de la Presencia", representaba el hablar al Padre cara a cara mientras comían el pan de la proposición del Señor. Ellos tenían doce tortas para las doce tribus de Israel que ellos tenían que reemplazar cada semana. La "Mesa del Incienso" representaba la presencia del Señor que traía Su fragancia.

Podemos ver que el ministerio de los Levitas podría representar las vidas en la iglesia cuando sentimos la presencia del Señor moverse en nuestros servicios. Así como la Menorah", el Espíritu Santo se siente cuando nosotros le permitimos a Él guiarnos a través de las preocupaciones de esta vida. El "Pan de la Presencia" es el lugar de oración y la Palabra de Dios que nos lleva a estar cara a cara con el Señor, cuando nosotros necesitamos comer Su Palabra diariamente. La "Mesa del Incienso" es el verdadero poder de nuestra adoración que viene de estar quebrantado a través de las diferentes pruebas de esta vida.

Uno podría preguntar, "¿por qué yo lidiaría solamente con esta parte del sacerdocio y sus deberes?" Podemos ver a Jesús, quien es el Sumo Sacerdote de nuestra confesión (Romanos 10:9,10). Cuando llegamos a conocer nuestra verdadera identidad, nosotros no experimentaremos sólo un mover de Dios de vez en cuando, sino que así como Jesús disfrutaremos una verdadera relación con nuestro Dios, quien ahora es nuestro Padre. ¿Quién eres?

Capítulo 2

EL REINO DE DIOS: ES LA DIMENSIÓN EN LA CUAL EL REINADO DE DIOS ES EXPERIMENTADO

El Reino de Dios es la dimensión que fue introducida con el ministerio de Juan el Bautista. Las personas entran a él con determinación violenta (Lucas 16:16). Juan no apareció dentro de esta nueva dimensión, sino solamente en su umbral; pero tan grandes son las bendiciones del Reino de Dios que el más pequeño en él es mayor que Juan (Mateo 11:11).

Hace unos cuantos años yo no sabía acerca del Reino de Dios. Yo escuchaba a hombres hablar acerca de él, sin embargo, yo simplemente lo ignoraba porque no quería tomar el tiempo para aprender acerca de él. En mi ciudad natal, Albion, Michigan, conocí a un hombre de Dios que estaba enseñando sobre esto y yo odiaba aquello porque no lo podía entender verdaderamente con mi mente natural. Cuando las cosas no cuadran en nuestras mentes, nosotros las desechamos y ¡decimos que no son así! Debido a que no tienen sentido para nuestra mente las llamamos tonterías e impiedades, porque lo que no ha sido enseñado y captado es combatido.

¡El poder del Reino de Dios es permitir que la dimensión de Dios esté en control total! El Reino de Dios es la regla, el reinado y autoridad de Jesucristo el día de hoy. Cuando caminamos en nuestra verdadera identidad de lo que el Padre nos ha llamado en Cristo Jesús, luego permitimos al Espíritu de Dios guiarnos a ese lugar en el que no hay duda, luego tendremos aquello que hayamos pedido en Su nombre [Jesús].

Dudar es estar incierto o indeciso, es desconfiar o la falta de convicción. La duda es un sentimiento natural que puede hacer que no creamos lo que Dios dice debido a lo que pudiéramos ver o no ver, sentir o no sentir dentro de nuestro hombre natural. Es por esto que la Palabra dice que Jesús no pudo hacer muchos milagros debido a la incredulidad o la duda de ellos (Mateo 13:58).

Cuando Jesús estaba caminando sobre el agua y Pedro le pidió que el viniera, Jesús le dijo "Ven". Pedro nunca caminó sobre el agua, él caminó sobre la palabra 'Ven'. Cuando el Señor nos dice que vengamos, tú y yo ahora podemos hacer algo que no podíamos hacer en nuestras propias fuerzas. La Palabra de Dios dijo que Pedro apartó sus ojos de Jesús y empezó a mirar al viento y a las olas que estaban alrededor de él. Jesús es nuestra fe. Él le dijo a Pedro, "¡Hombre de poca fe!, ¿por qué dudaste?" (Mateo 14:31)

Note que en estos dos versículos diferentes había el poder para tener los milagros que eran necesarios para satisfacer las necesidades de ese momento. Lo que detuvo a Jesús no fueron las personas o el problema sino la falta de fe en lo que Él podía hacer. Las escrituras nunca dijeron que Jesús no podía hacer *ningún* milagro, dijo que Él no pudo hacer *muchos* milagros debido a la incredulidad *de ellos*. Ellos no conocían Su identidad, porque si la hubieran conocido, no habría habido ninguna incredulidad de su parte.

Pedro apartó sus ojos del Autor y Consumador de nuestra fe, Jesús. Cuanto más vemos a Jesús [la Palabra de Dios] más fe tenemos. Cuando menos vemos a Jesús [la Palabra de Dios] menos fe tenemos. Las dudas nos hacen desviar la mirada de Aquel que nos llamó a salir de las tinieblas a Su luz admirable, para que podamos anunciar Sus virtudes (1 Pedro 2:9). Cuando empezamos a hundirnos en el pensamiento de este mundo (viento y olas) con Su amorosa mano, Él aun se extiende hacia abajo para levantarnos cuando nosotros invocamos Su santo nombre.

En el Reino de Dios no hay dudas, solamente fe en lo que el Padre ha dicho a través de Su Hijo, Jesús. Tal como la duda es una fuerza natural, la fe es una fuerza espiritual que fluye a través de la dimensión espiritual. La clave para conocer el poder que fluye a través de esta dimensión es conocer nuestra identidad en Cristo Jesús y caminar y vivir en ese poder de manera diaria.

Jesús dijo que conocer este poder es conocer quiénes somos en Él; en Él nosotros permitimos que ese poder esté vivo en nosotros y fluya a través de nosotros sin ningún obstáculo [duda o incredulidad]. En Mateo 11:12, leemos,

> *"Desde los días de Juan el Bautista hasta ahora, el Reino de los Cielos sufre violencia, y los violentos lo arrebatan".*

El pueblo de Dios pensó cuando llegó el libertador, que Él usaría de violencia para recuperar lo que los Romanos les habían quitado. Eso era lo que los Israelitas esperaban. Jesús dijo que Él tenía otra manera, a través del Reino de Dios y el Amor, y ellos no pudieron recibirlo en su pensamiento. Cuando Jesús salió del desierto donde Él fue tentado por el Diablo, la Palabra de Dios dijo,

> *"El pueblo asentado en tinieblas vio gran luz; a los que vivían en región de sombra de muerte, les resplandeció la luz. Desde entonces Jesús comenzó a predicar, y decía: '...Arrepiéntanse, porque el reino de los cielos se ha acercado"* (Mateo 4:16,17).

Jesús estaba diciendo a aquellos que estaban esperando por una mano fuerte del Señor para conquistar el Imperio Romano, que no iba a suceder de la manera en que ellos pensaban. Jesús dijo, ahora el Reino de los Cielos o Reino de Dios puede ser tomado a través de manos de hombres. Yo había sido enseñado que el Reino de Dios estaba en algún lugar en el espacio más allá y que la única manera en la que tú y yo podíamos verlo o aun ir allí era cuando esta vida se terminara. Ahora, Jesús acá nos está diciendo no solamente como tener el Reino de los Cielos en la tierra, sino como entrar en el mismo Reino de Dios. ¡Él dijo que la manera en que traes el Reino de Dios a esta tierra es a través del arrepentimiento! En otras palabras, tenemos que llegar al punto donde entendemos nuestra identidad en Cristo y la vivimos diariamente a través de buscar Su rostro.

¿Cuándo vemos nuestras manos qué vemos? Demasiados cristianos no creen que ellos puedan ser usados como aquellos que podríamos ver en la televisión o escuchar a través de la radio. Ellos erróneamente sienten que aquellos a quienes ven y escuchan son las verdaderas manos y pies de Jesucristo. Es por ello que el Reino no tenía sentido para mí porque yo siempre miraba a aquellos sobre cuyo ministerio yo sentía que la mano de Dios estaba. Entonces el Reino de Dios no tenía peso para mí y lo que yo sentía que estaba llamado a hacer en el ministerio. Yo rehusaba permitir al mensaje del reino ser parte de lo que yo estaba haciendo.

Jesús dijo que el Reino de los Cielos estaba a la mano. ¿De qué manos crees que Él estaba hablando? Él no estaba hablando acerca del ministerio quíntuple, al cual has mirado por años pensando que ellos tenían más que tú. Y nosotros, que estamos en el ministerio quíntuple, hemos causado que te sientas de esa manera. Estos no son los *individuos* de Cristo sino que es el *Cuerpo de Cristo*.

Necesitamos pasar por encima de las pequeñas cosas que detendrán el mover de Dios en nuestras vidas y las vidas de aquellos que necesitan saber acerca de esta vida de Reino. ¡Nuestras manos son las que Él quiere usar para Su Gloria, de modo que nosotros podamos contar la historia!

Cuando los discípulos vinieron a Jesús un día ellos le preguntaron cómo orar (Mateo 6:9-12). Yo deseo enfocarme en los versículos 9-10 y ver algo que yo sé que te bendecirá así como lo hizo conmigo cuando el Espíritu Santo me lo mostró. Jesús dijo, "Cuando oren ustedes tienen que saber que el Padre es vuestro Padre y que Él se sienta arriba en el cielo y ve hacia abajo a la tierra". Luego Él dijo, "Qué majestuoso es tu Nombre, que nosotros invocamos, porque tu Reino ha venido" o si yo pudiera decirlo de esta manera el Rey con dominio [Jesús] está ahora caminando en la Tierra así cómo Él caminó en el Cielo.

¡Jesús estaba diciéndoles a los discípulos que lo que ellos necesitaban saber cuando ellos oraban al Padre era su identidad en Él! Nosotros oramos sin conocer el verdadero acceso que tenemos al Reino de Dios, entonces buscamos a otros para orar por nosotros porque sentimos que nuestras oraciones no son tan fuertes como las de aquellos que buscamos en el ministerio o aun en la vida.

Cuando Jesús dijo, *"...busquen primeramente el Reino de Dios y su justicia...* (Mateo 6:33), Él estaba diciéndonos que a menos que pongamos al Rey con Dominio [Jesús] primero, la dimensión de Dios que debiera fluir tan libremente en nosotros y lo sobrenatural que debiera ser natural no lo será en la magnitud que Dios desea de nosotros que estamos caminando en Su justicia. Jesús es ese Reino que permite que el poder de Dios fluya a través de nosotros en una manera que los reinos del este mundo no pueden prevalecer en contra de él, ¡porque no es nuestra justicia sino la justicia de Cristo! Este Reino está dentro de ti y de mí y debiera tener la libertad de crecer para que otros pudieran llegar a conocer que este poder no es de un hombre o mujer, sino del Señor que habita dentro de nosotros diariamente.

Cuando conocernos que nuestra identidad está en Cristo Jesús, entonces empezamos a vivir esa vida de Reino que nadie puede arrebatar. La única manera en que puedes perderla es entregarla (Hechos 5:1-10). Jesús les mostró a Sus discípulos cómo funcionaba el Reino de Dios a través de Sus ejemplos en las diferentes ciudades que ellos recorrieron.

> *"Después de esto, Jesús andaba por todas las ciudades y aldeas, y allí proclamaba y anunciaba las buenas noticias del reino de Dios. Lo acompañaban los doce."(Lucas 8:1).*

Yo le pregunté al Señor, "¿Por qué dice al final de esa escritura que los doce estaban con Él?" El Señor dijo,

> *"Siempre hay una razón para que las cosas se conozcan en el Reino de Dios. Yo no estoy tratando de esconder cosas de ustedes porque a ustedes les es concedido conocer los misterios del Reino de Dios (Mateo 13:11)."* (Paráfrasis del autor)

En Lucas 9:1, podemos ver por qué Jesús hizo lo que hizo en Lucas 8:1. Se dice que Jesús llamó a Sus doce discípulos juntos. ¡Ellos tenían que estar unánimes juntos (Hechos 2:1) antes que Él pudiera soltarles Su Poder y Autoridad! El Poder era Su nombre y la Autoridad era el derecho de usar su nombre sobre todos (sin que falte nada) los demonios y para curar enfermedades.

Ahora bien, es acá donde la mayoría de nosotros nos equivocamos cuando se trata de la sanidad en nuestros cuerpos naturales. Nosotros todavía estamos esperando que alguien encuentre la respuesta al Sida, Presión Arterial Alta, o Diabetes, etc., aunque la Palabra de Dios simplemente nos dijo que ya está dentro de nosotros, ¡y esa es la cura para estas enfermedades! Esto solamente funciona cuando caminamos en nuestra identidad en Cristo Jesús y solamente Él es el sanador de estas cosas que el enemigo ha traído contra nosotros a través de la caída del hombre.

Escuchamos decir a Jesús que el Reino de Dios está dentro de nosotros (Lucas 17:21), lo cual significa que la cura está dentro de ti y de mí porque tenemos el Poder, Su nombre y la autoridad – el derecho de usar Su nombre. Esto está sobre todos los demonios y no solamente unos cuantos acerca de los cuales nos han contado a través de la

Escuela Dominical o mensajes desde el púlpito el Domingo en la mañana.

Nosotros vemos el poder y la autoridad de la Palabra que fue dada a los doce en acción cuando Jesús los envío a predicar (Marcos 16:15) el Reino de Dios y a sanar a los enfermos. ¡Notemos que el Reino de Dios vino antes que la sanidad! Cuando operamos en el poder de nuestra identidad en Cristo y predicamos el mismo Reino, la enfermedad se tiene que ir en el nombre de Jesús.

Cuando regresas a casa del trabajo o regresas de unas vacaciones y giras la llave en tu puerta, ¿cómo te hace sentir el saber que estás en tu casa? Tú sabes qué llaves abren y cierran cuál de las puertas que están dentro de tu casa. Dios nos ha dado a ti y a mí las llaves de nuestro hogar celestial, el reino de Dios (Mateo 16:19). ¿Qué vamos a hacer con ellas y qué estamos esperando? Entonces, como dije al comienzo de este capítulo, Juan el Bautista solamente se paró en el umbral de este Reino del cual estoy hablando; ¡nosotros tenemos el derecho de vivir en esta dimensión del Reino de Dios!

El Reino de Dios y las llaves del Reino nos son dados cuando tomamos el poder y la autoridad y lo usamos para la Gloria de Dios diariamente. Hay Poder en el nombre de Jesús y el Reino de Dios. Autoridad es el derecho de usar Su nombre y las llaves del Reino de Dios.

Capítulo 3

¿QUIÉN ERES?

Esta es una pregunta para todos los tiempos. Si yo te preguntara "¿quién eres?" ¿Me dirías lo que tus padres te dijeron en cuanto a quién tú eres? Porque tus padres te aman y no te mentirían.

Si yo te preguntara que prueba tienen ellos para mostrar la verdad, ¿qué me darías o mostrarías para demostrarme que ellos estaban diciéndote la verdad? En Mateo 16:13-16 Jesús hizo la pregunta, *"¿Quién dice la gente que es el Hijo del Hombre?"* al continuar leyendo, ellos le dieron a Él los nombres de los diferentes Profetas que los hombres dijeron que Él era. Algunos dijeron Juan el

Bautista, pero luego Jesús preguntó a sus discípulos, "Y ustedes, *¿Quién dicen que soy Yo?*"

Bueno es aquí donde la mayoría de los cristianos de hoy fallan porque nosotros solamente vemos a Jesús en la cruz muriendo por nuestros pecados y nada más. Nosotros cantamos una canción que dice, "Nunca sabré cuánto costó ver mis pecados en la Cruz", y ese es el problema acá. Nosotros solamente vemos *"nuestros pecados"* en aquella Cruz y ¡no nos vemos *a nosotros mismos* en la Cruz! Es por eso que nosotros todavía podemos hacer las cosas que hacemos en el nombre del Señor, porque nosotros simplemente pedimos perdón y continuamos hasta la próxima vez. Estamos muertos juntamente con Cristo y eso significa que cuando él murió sobre la cruz también lo hicimos tú y yo, o la naturaleza de Adán estaba sobre la misma Cruz. Pablo le llamó nuestra "Vieja Naturaleza" (Romanos 6:6).

Pedro dijo, "¡*Tú eres el Cristo, el Hijo del Dios Viviente!*" Ahora bien, esto no le fue revelado por carne o sangre o por revelación propia del hombre[3] sino por el Espíritu de Dios.

Toda revelación viene a través del Espíritu y luego es mostrada al hombre de modo que lo que está en la dimensión espiritual pueda ser manifestado en la dimensión natural (Mateo 16:16-17). Jesús no necesitaba que los discípulos le dijeran quién era Él porque ¡Él ya conocía Su identidad en el reino de Dios! Él quería que ellos supieran quién era Él. Eso vendría a través de revelación del Padre y es así como nosotros sabemos quiénes somos en Cristo Jesús.

Jesús nunca se preocupó acerca de quién era Él porque Él vivió por la Palabra de Dios y por quien Dios el Padre le dijo que Él era. Cuando nosotros caminamos en nuestra identidad de quienes somos en Cristo Jesús, las llaves del Reino nos son dadas para abrir y cerrar puertas en esta dimensión del Reino (Mateo 16:19).

Cuando se trata de atar y desatar cosas en la Tierra y en el Cielo, debemos conocer nuestra identidad en esta dimensión y en la dimensión del Espíritu. Notemos que

---

[3] Revelación es definida como quitar la oscuridad

Jesús no dijo llave sino llaves y eso significa que hay más de una puerta qué abrir y más de una puerta que cerrar.

Cuando lees a tu Biblia ¿Qué es lo que ves? Lo que yo veo son aquellas llaves acerca de las cuales estaba hablando Jesús. La Palabra de Dios son aquellas llaves del Reino; es por eso que Jesús dijo que nosotros tenemos que vivir de cada palabra que sale de la boca de Dios (Mateo 4:4). Jesús además nos dijo en Juan 14:10 que las palabras que Él habló ni siquiera eran sus palabras, sino las palabras del Padre. Y es el Padre que hace las obras porque Él es el que está hablando las palabras a través de Su Hijo.

Nosotros deberíamos saber a través del Espíritu que somos lo que el Señor dice que somos ¡y deberíamos actuar como tales en todo momento!

En Romanos 6:6, 9 Pablo está hablando acerca del poder de "Conocer esto" y "Conocer Aquello". Él dijo que primero teníamos que "conocer" que nuestro "viejo hombre" fue muerto con Cristo en la Cruz; esto es lo que nosotros llamamos muertos juntamente con Cristo (Lucas 9:23, Gálatas 2:20). Tú debes saber que cuando Jesús dijo "está consumado", Él no solamente quiso decir que el derrotó al pecado, sino que el "Viejo hombre", Adán, ya NO tenía más poder sobre ti y sobre mí. El aguijón del pecado se fue porque ahora tenemos la opción de no permitir más al "Viejo hombre" tener una voz.

Pablo luego dijo que teníamos que "conocer" que estábamos vivos en Cristo Jesús a través de su Resurrección de los muertos y que ¡ahora podemos andar en novedad de vida a través de Su Espíritu Santo (Romanos 6:4)! Como Él es, así somos nosotros en este mundo (1 Juan 4:17). *"Porque en Él vivimos, y nos movemos y somos..." (Hechos 17:28). "¡Todo lo puedo en Cristo que me fortalece! (Filipenses 4:13).*

Jesús dijo que sin Él nada podemos hacer (Juan 15:5). *"Que haya en ustedes el mismo sentir que hubo en Cristo Jesús" (Filipenses 2:5)" "[Sí], y también todos los que quieren vivir piadosamente en Cristo Jesús padecerán persecución" (2 Timoteo 3:12).* "Amados hermanos, no se sorprendan de la prueba de fuego a *que se ven sometidos, como si les estuviera sucediendo algo extraño. Al contrario, alégrense de ser partícipes de los sufrimientos de Cristo, para que también se alegren grandemente cuando la gloria de Cristo se revele" (1 Pedro 4:12-13).* "Bienaventurados los que padecen persecución por causa de la justicia, porque de ellos es el *reino de los cielos. Bienaventurados serán ustedes cuando por mi causa los insulten y persigan, y mientan y digan ustedes contra vosotros, mintiendo." (Mateo 5:10-11).*

"El justo pasa por muchas aflicciones, pero el Señor lo libra de todas [sin faltar nada] ellas" (Salmos 34:19). "Bendeciré al SEÑOR en todo tiempo: su alabanza estará siempre en mi boca" (Salmos 34:1). "¡Prosigo a la meta, al premio del supremo llamamiento de Dios en Cristo Jesús!" (Filipenses 3:14). "....para que en él fuéramos hechos la justicia de Dios." (2 Corintios 5:21).

"Y doy gracias a Cristo Jesús nuestro Señor, quien [nos] capacitó, porque [nos] tuvo por fieles, poniéndonos [a nosotros] en el ministerio." (1Timoteo 1:12 Paráfrasis del Autor).

Tú podrías preguntar "¿Por qué todas estas escrituras?" Bueno, hijo de Dios, si nosotros vemos lo que ha sido dicho a través de la Palabra de Dios, podemos ver que no se trata de ti o de mí ¡sino de Jesús y solamente de Él! Yo sé que a veces cuando estamos pasando a través de diferentes cosas en la vida, pensamos que es por algo que hemos hecho o que no hemos hecho. Pero si realmente miramos a las cosas que están sucediendo a todo nuestro alrededor, las cosas vienen a nuestras vidas para formarnos no para destruirnos.

La Palabra de Dios dijo que Jesús aprendió obediencia a través de las cosas que Él sufrió (Hebreos 5:8). Si queremos caminar en este poder en el que Cristo caminó, debemos entender quién está a cargo de esta vida. Yo sé que algunos dirán que no se necesita de todo esto para ser un cristiano. Si es así, ¿Cómo podemos vivir este estilo de vida en este mundo hoy en día? ¡Dios sabe que somos solamente humanos! Pablo dijo que nosotros debemos morir a este estilo de vida diariamente para ver el verdadero poder de Dios en esta hora en la que vivimos (1 Corintios15:31).

Ahora bien, Gálatas 2:20 hablaba acerca de que esta fe es de Jesús y no nuestra porque es Su vida y no la nuestra. Yo realmente pensaba que cuanto más leyera la Palabra de Dios y orara, sería más como Cristo y eso es verdad. Lo que yo no sabía, era que cuánto más caminara en el conocimiento de "A Quién le pertenezco" mi verdadera identidad no sería *quién* soy yo, sino *de quién* soy yo.

Yo sé que el mundo nos mira y hace la misma pregunta, "¿Quién eres tú?". Entonces nosotros tratamos de probar quiénes somos a través de nuestros propios esfuerzos y fuerzas de lo que podemos hacer. Nosotros fallamos cada vez porque cuando somos puestos a prueba, nos falta la fortaleza y la habilidad de llevarlo a cabo. Jesús dijo que sin Él no podíamos hacer nada (Juan 15:5) y eso significa que la única manera de alcanzar la plenitud de nuestra verdadera identidad es viendo que Él y solamente Él es nuestra identidad. La Palabra de Dios dice que el Padre guió a los israelitas hacia el desierto para ver lo que había en sus corazones. Cuando el enemigo viene, él quiere saber lo que tenemos en nuestros corazones y si eso se alinea con lo que nosotros decimos.

Recibí entendimiento hacia una revelación que ha ayudado a cambiar mi vida y yo quiero–contigo. Espero que bendiga tu corazón tanto como lo hizo con el mío.

En Jeremías 29:11, nosotros leemos acerca del profeta de Dios hablando acerca de pensamientos y palabras, acción y destino. "Sólo yo sé los planes que tengo para ustedes. Son planes para su bien, y no para su mal, para que tengan un futuro lleno de esperanza." Entonces los pensamientos de Dios le hicieron hablar y Su hablar lo llevó a actuar y su actuar y acción trajeron consigo un destino que estuvo basado en lo que Él pensó.

Nosotros somos hechos simplemente como el Padre. Porque cómo el hombre piensa en su corazón tal es él (Proverbios 23:7). Nosotros llamamos las cosas que no son como si fuesen (Romanos 4:17). Dios dijo: 'La Palabra (Jesús) que sale de mi boca: [La Palabra Hablada y Viviente, Jesús] no regresará a mí vacía, sino que cumplirá [la Muerte de Cristo) lo que me agrada, ¡y será prosperada [la Resurrección de Cristo] en aquello para lo cual la envié (Isaías 55:11)!

Cuando nosotros caminamos en nuestra verdadera identidad, nosotros caminamos y hablamos como el Padre en las cosas que estamos buscando, el cumplimiento de nuestro destino. Esto es lo que el Espíritu Santo colocó en mi corazón acerca del conocimiento de mi identidad y mi destino.

Los pensamientos dan poder a las palabras, las palabras dan poder a las acciones y las acciones dan poder a nuestro destino. ¡Nuestro destino es el cumplimiento de nuestros pensamientos! Cuando Jesús vino a la tierra, Él tenía un destino que necesitaba ser cumplido a través de Su vida, entonces Él necesitaba un cuerpo terrenal (Hebreos 10:5). Nosotros somos ese cuerpo que Él necesita en este mundo hoy en día, que portará la misma unción que Él llevó cuando Él estaba sobre la tierra, haciendo las obras de Su Padre.

Cuando llegamos al poder de conocer quiénes somos en Él y quién es Él dentro de nosotros, no diremos ni haremos las cosas que acostumbrábamos hacer en el mundo. Estamos en este mundo pero no somos de este mundo (Juan 17). Entonces cuando Dios, el Padre nos mira a ti y a mí, Él ve a Jesús porque Él es el primogénito de muchos hermanos (Romanos 8:29). Proverbios 3:5-6 dice en la versión de la Biblia Viviente, *"Confía en el Señor completamente; nunca confíes en ti mismo [tus esfuerzos, habilidades o fuerzas]. En todo lo que hagas, pon a Dios primero, y Él te dirigirá y coronará tus esfuerzos con éxito"*.

Josué 1:8 lo expresó mejor, "Este libro de la ley [la Palabra de Dios] no se apartará de tu boca; sino que meditarás [comerás como mastica una vaca la hierba, la traga; luego la regresa hacia arriba y la mastica nuevamente cuando es necesario hacerlo de nuevo] en ella de día [buenos tiempos] y de noche [malos tiempos] para que guardes de hacer conforme a todo [sin faltar nada] lo que está escrito en ella: porque entonces harás prosperar tu camino y todo te saldrá bien." (Traducido directamente de versión King James inglés – corchetes del autor)

Entonces, "¿Quién eres Tú?" no es la pregunta real sino ¿¡A Quién le perteneces? es la verdadera pregunta de nuestra identidad en Cristo Jesús!

Capítulo 4

SEMILLA: LA FUENTE DE CUALQUIER COSA.

Yo sé que hay muchas enseñanzas acerca de este asunto. Yo sé que no tengo todas las respuestas a las preguntas que pudieran surgir al considerar nosotros las estaciones. Yo sé que hay un gran entendimiento en esta dimensión de las estaciones, la cual vamos a ver y yo oro que esta leve percepción que yo traigo sobre la mesa a través de la guía del Espíritu Santo te ayude en tu caminar con el Señor.

Al ver nosotros la Palabra de Dios revelada en Génesis 1, tiempo en el cual Dios, el Padre, le habla a la nada y la convierte en algo (Génesis 1:1-5), en los versículos 11-18, escuchamos las cosas llamadas a existencia desde el sol, la luna y las estrellas que vemos en el firmamento diariamente hasta al Padre hablando a la tierra y llamando a la hierba, la hierba produciendo "semilla" junto con el árbol frutal produciendo "semilla" según su especie, cuya "semilla" está en sí misma sobre la tierra: y fue así.

Yo siempre había visto al poder de la "Semilla" antes de mirar a Dios, siendo Él quien creó la "semilla". No importa cuán grande pudiera ser la "semilla" en sí misma para producir la cosecha. Esta tenía que venir de Dios, quien llama las cosas que no son como si fuesen, porque para Dios lo son (Romanos 4:17). Sí, Dios sabía lo que la semilla tenía en sí misma, pero sin Su Palabra hablada, ¿Qué de bueno tendría la semilla? Ahora, si la semilla es la fuente de alguna cosa, entonces debemos conocer el poder que está en la semilla para producir según su especie.

Al continuar nosotros en el primer capítulo del libro de Génesis, escucharemos al Padre hablando acerca de otro fruto en diferentes estaciones. Aun cuando Él creó los diferentes animales, Él les dio la habilidad de reproducirse según su propia especie sobre la Tierra. Como resultado, cuando nosotros vemos al verdadero poder de cualquier semilla, nosotros debemos saber que nosotros, que plantamos la semilla, tenemos el poder sobre la semilla que hemos plantado. Si tú y yo no conocemos el poder de la semilla que plantamos entonces nosotros no entenderemos realmente la cosecha que recibimos. Esta es la razón por la que la Palabra de Dios dice que nosotros cosechamos lo que hemos sembrado. Entonces ¿Qué cosecha quieres tú de tu semilla?

Yo me di cuenta en mi vida, de que he plantado muchas semillas en la tierra o en otros ministerios e iglesias, y sin embargo, algunas veces me ha llevado años recibir un beneficio; si acaso recibí alguno. Luego culparía a Dios y permitiría al enemigo hablar a mi mente y corazón que esto realmente no funciona. Yo me enojaría con el Señor y hablaría lo contrario a lo que la Palabra dijo cuando Él habló a mi corazón y yo abandonaría sus promesas para mí. ¿Seré el único que se haya sentido de esa manera?

Yo he escuchado muchas veces acerca de dar al ministerio y aun yo he pedido a aquellos que creen, que también den para que el Evangelio del Reino de Dios siga adelante en la tierra hoy.

Yo pensaba que cuánto más grande el ministerio, mayor sería la cosecha ya que yo podía ver el ministerio operando en la tierra hoy en día a través de la televisión y escucharlo a través de la radio. Por lo tanto, yo pasaría por alto a aquellos que no conocía o que no eran lo "suficientemente grandes" para que yo siembre con el fin de recibir la cosecha que yo sentía era mía.

¡Este es un truco del enemigo que hace que nosotros como Cuerpo de Cristo hagamos acepción de personas cuando Dios no lo hace! Escuchamos de dar una semilla al ministerio y aun así nunca nos vemos a nosotros mismos cono una semilla que Dios está tratando de plantar para Su Gloria. Sí, al principio Dios dio una semilla para que diera según su especie, pero el poder no estaba en la semilla en sí misma, ¡sino en la mano que dio o plantó (habló a) la semilla para que saliera para producir vida para aquel que sembró la semilla – Dios!

¿Qué de bueno habría si Dios simplemente llamara las cosas y las dejara allí sin hacer nada según Su especie? Dios necesitaba una semilla también en la tierra para que pudiera producir según Su especie, y es por eso que creó al hombre a Su imagen y semejanza (Génesis 1:26-27).

Cuando se nos pide dar una ofrenda es muy difícil para algunos de nosotros porque no hemos sido enseñados que somos semilla nosotros mismos en la mano del Padre. Nos rebelamos contra aquello con lo que no nos identificamos, debido a una falta de entendimiento. (Oseas 4:6).

En Oseas 4:6, la Biblia Viviente dice que el Sacerdote rehusó enseñar al pueblo cómo guardar los mandamientos de Dios. Y por ello, el pueblo fue destruido debido a que sus líderes (Sacerdotes) rehusaron los caminos del Señor y ¡por esa causa sus hijos no fueron recordados por el Señor!

Cuando tú y yo lleguemos al entendimiento de quiénes somos en Cristo Jesús, veremos nuestras vidas como semillas que tienen la capacidad de producir según Aquel que nos llamó a ser hechos a Su imagen y semejanza. Dar una semilla es entender que la vida está en la semilla, y es por eso que muchos no dan de sí mismos para el Reino de Dios. Ellos no conocen el valor de su propia vida como una semilla en la mano del Padre.

Cuando tú y yo caminamos y yo caminamos en el conocimiento de lo que estamos llamados a hacer por el Reino de Dios y le permitimos a ese poder operar desde dentro de nosotros, entonces veremos la importancia de otros siguiendo las mismas pisadas, mientras somos guiados por el Espíritu Santo diariamente.

Jesús dijo que a menos que seamos como un grano de trigo que cae en tierra y muere, nos quedamos solos; pero si morimos [morir a uno mismo o a los afanes de este mundo], llevamos mucho fruto (Juan 12:24). Para que el fruto salga hace falta una muerte para que se cumpla. Jesús dijo que para agradar al Padre, debemos producir mucho fruto en esta vida que Él nos ha dado a nosotros (Juan 15:5).

Para entender la muerte de la semilla tenemos que entender la muerte a través de la cual tiene que pasar para llevar vida a aquellos que están esperando por aquel fruto de la semilla. Jesús nos contó cómo moriría Él y el proceso que se necesitaría para llevar el fruto que agradaría al Padre.

En tanto la semilla estaba en su propia cubierta, no podía llevar el verdadero poder de su propósito para agradar al que la colocó dentro de la tierra para ser partida. Una vez que la semilla fue separada de las otras semillas en la bolsa, tuvo que pasar a través del proceso,

¡sola en la oscura y fría tierra, que había de partir lo que parecía tan estimado para aquellos que veían su belleza!

¡Cuando tú y yo llegamos al entendimiento de nuestra verdadera identidad en Cristo, esto se hará vivo en nosotros y a través de nosotros para Su Gloria en la tierra diariamente! Mientras Jesús estuvo andando sobre la tierra y haciendo la voluntad del Padre a través del poder del Espíritu Santo, las personas le amaron porque Él era el grano de trigo que se veía realmente bueno a los ojos de aquellos que lo contemplaban como el Rey de los Judíos.

La gente vio todo lo bueno que Él hizo cuando él fue a través de diferentes ciudades y aldeas predicando y anunciando las buenas nuevas del Reino de Dios (Lucas 8:1). Isaías 52:14 dice,

> *"Muchos se asombrarán al verlo. Su semblante fue de tal manera desfigurado, que no parecía un ser humano; su hermosura no era la del resto de los hombres".*

¡En el grano de trigo, Jesús tenía que ser partido por ti y por mí para que vivamos esta vida de victoria diariamente! Para ver cuánto el Padre nos amó, necesitamos reflexionar sobre Isaías 53:10 (NVI) y ver lo que el profeta tiene que decir acerca de la semilla de Dios.

> *"Pero el SEÑOR quiso quebrantarlo y hacerlo sufrir, y como él ofreció su vida en expiación, verá su descendencia y prolongará sus días, y la voluntad del SEÑOR será en su mano prosperada (traducida de NVI en inglés)*

La vida de Jesús fue como una semilla en la mano del Padre y le plació al Padre permitir que esa semilla fuese "quebrada" como el grano de trigo que tiene que morir para llevar mucho fruto, para agradar al Padre. Tú y yo no podíamos hacer esto por nosotros mismos a través de nuestra humanidad porque es débil y no dispuesta a morir a sí misma.

¿Entonces cómo entramos a esta muerte? Es en Cristo Jesús que esto toma lugar y solamente a través de Él nosotros conocemos el poder de esta muerte que lleva mucho fruto para el jardinero de la vid verdadera de la viña (Juan 15:1). Mientras Jesús estaba vivo, la gente solamente conoció el poder de Dios, y ellos podían ver el poder en la vida de Cristo, y sin embargo, no saber realmente cómo el poder operaba en sus vidas. Pero cuando Cristo murió, sólo entonces ellos pudieron experimentar esa vida que les fue dada a ellos a través de Su muerte.

Yo tengo un buen amigo que vive en las Vegas quien es pastor de una iglesia grande en la ciudad. Él me contó algo que realmente afectó mi vida y esta parte del libro que tú estás leyendo. El me dijo que el suelo es simplemente tierra, no importa cómo tú lo veas. Pero cuando colocas una "semilla" en el suelo, éste se convierte en tierra fértil [por el Obispo Phillips de Ministerios del Reino]! Ese dicho es un tesoro para todos los tiempos y simplemente me encanta. Jesús tenía que ser partido por ti y por mí, ¡y la única manera en la que podemos tener esa clase de vida que reproduce según su especie es conocer que Él ya lo ha hecho por nosotros!

Dentro de ti y de mí está el aliento de vida y ese es el aliento de Dios que nos hace estar vivos para Él en toda forma. Dios sopló en Adán y él se convirtió en un alma viviente (Génesis 2:7). La semilla de Dios para la raza humana fue Su aliento y la vida que vino a través de ese aliento de Su Espíritu que hizo a la raza humana viva para Dios.

> *"La muerte y la vida están en poder de la lengua, y el que la ama [muerte o vida] comerá de sus frutos (Proverbios 18:21). (Versión Reina Valera 1960)*

Si nosotros no vemos nuestras palabras como semillas que pueden producir vida o muerte a una persona, que le causen dolor o gozo, entonces no hemos llegado al lugar de entender el poder de la cruz que Jesús llevó por nosotros. Entonces necesitamos entender cómo llevar mucho fruto para agradar al Padre, quien nos llamó al ministerio para la gloria de su nombre (1 Timoteo 1:12).

Si nosotros pudiéramos haberlo hecho en nuestro propio poder de la carne, entonces no habría necesidad de que Jesús muriera por nuestros pecados. La vida estaba en la semilla y cuando Dios el Padre dio a Su Hijo, Jesús, en tanto él estaba intacto, nosotros estábamos perdidos debido a la naturaleza de Adán dentro de nosotros. Se necesitó ese quebrantamiento acerca del cual leemos en Isaías 53:10 que agradó a Dios, quien tenía a Su semilla (Jesús) en Su mano después que Él fuera quebrantado. Nosotros llevamos vida dentro de nosotros y esa vida es Jesús el Cristo, y la única manera de llevar mucho fruto es morir y permitir la obra de la Cruz a través del Espíritu Santo fluir en nosotros diariamente.

Yo siempre había pensado que tenía que hacer algo especial para que esta vida fluyera a través de mí, pero estaba equivocado. A partir de Lucas 9:23, he llegado a saber que ¡fue Él y solamente Él quien pagó el precio por mí en la Cruz! Jesús dijo: "Si alguno quiere venir en pos de mí, niéguese [no permita] a sí mismo [estar en control de su vida], tome su cruz cada día y sígame [a través del poder de la resurrección que yo he dado por medio de aquella cruz]". Él tendrá el mismo derecho que yo tengo a las cosas del Padre, debido a que está produciendo según su especie, y ese soy Yo, Jesús (Juan 14:12).

Como semilla de Dios, nosotros tenemos todo el derecho de llevar mucho fruto como lo hizo Jesús en cada área de su vida. Todo aquello que agrada a Dios, el Padre, se trata de tu identidad en Cristo lo que agrada a Dios, el Padre, al llevar nosotros mucho fruto, lo cual es necesario para que alguien más viva (2ª Corintios 4:12).

Cuando una semilla es plantada en la tierra y todo está oscuro y no hay luz del sol a la cual se pueda aferrar, es ese proceso el que rompe la cáscara externa de la semilla. Cuando el agua y la luz del sol son añadidos, la semilla siente la presión de la tierra que se vuelve más y más apretada, de la tierra absorbiendo el agua, y la luz del sol que brilla sobre la tierra para asegurar que el proceso sea un éxito. Sólo entonces ésta puede dar fruto con el cual el agricultor estaría complacido y eso es lo que nosotros llamamos cosecha.

Ahora que sabemos que somos semillas en las manos del Padre y Él sabe lo que nosotros produciremos cuando seamos quebrantados en esta vida, podemos llevar mucho fruto que le agradará a Él.

Entonces tú estás atravesando algo en tu vida y preguntas, "¿Por qué estoy pasando por esto en la vida si Él ya ha pagado el precio por mí?" Vemos lo que el Apóstol Pedro dijo acerca de lo que tú estás atravesando en este proceso. La Nueva Versión Internacional de la Biblia explica realmente bien el proceso a través del cual estás pasando y por qué estás pasando a través de él.

> *"Amados hermanos, no se sorprendan de la prueba de fuego a que se ven sometidos, como si les estuviera sucediendo algo extraño. Al contrario, alégrense de ser partícipes de los sufrimientos de Cristo, para que*

también se alegren grandemente cuando la gloria de Cristo se revele" (1 Pedro 4:12, 13).

Jesús dijo que tú eres "bendecido" cuando ellos hacen y dicen y hacen toda clase de mal contra ti por causa de Su Nombre (Mateo 5:11). Entonces la próxima vez que estés pasando por una dura prueba debes saber que estás llevando mucho fruto para el uso del Maestro.

Capítulo 5

Estaciones: Cualquiera de las cuatro divisiones del año; Primavera, Verano, Otoño e Invierno: Un tiempo cuando algunas cosas toman lugar

"Todo tiene su tiempo y todo lo que se quiere debajo del cielo tiene su hora" (Eclesiastés 3:1).

Al leer nosotros los primeros nueve versículos de este pasaje vemos que hay un tiempo para todo lo que viene a esta vida que vivimos a diario. Ahora, si vemos a través de los ojos de la fe, podemos ver que existe una estación que le permite al 'tiempo' llevar a cabo lo que Dios ha planeado para que esa estación sea cumplida.

Las estaciones tienen el poder de poner muchas cosas en juego de las que el 'tiempo' se hace cargo, para traer la plenitud de esa estación. Entonces las estaciones le dan al 'tiempo' la habilidad de realizar su propósito en la tierra de modo que las cosas puedan tomar su lugar para recibir una cosecha.

Yo sé que hay cosas que vienen a nuestras vidas de manera que algunas veces no podemos ver nuestra salida de esa estación porque es muy abrumadora para nosotros. Nosotros no podemos entender plenamente el poder de nuestra identidad si no conocemos la estación a través de la cual estamos pasando en ese tiempo.

Ahora, debo decir que tú puedes estar pasando a través de diferentes estaciones al mismo tiempo en diferentes áreas de tu vida. ¡La clave para superar esas estaciones es conocer tu identidad y el poder de Aquel que es mayor que las tormentas de aquellas estaciones en las que estás! No estoy diciendo que aquello a través de lo cual estás pasando no sea real para ti y aquellos que están en la estación contigo; pero lo que estoy diciendo es que Jesús es la paz en las tormentas de la vida y que tú puedes confiar en Él completamente.

Una estación es un tiempo cuando las cosas toman lugar en nuestras vidas en la que debemos saber cómo caminar en el poder de la Palabra de Dios diariamente. Hace unos cuantos años yo estaba pasando a través de algunas cosas y no podía ver la salida, cuando el Señor soltó esto en mi hombre interior. Eso ayudó a cambiar mi vida en muchas maneras de modo que yo lo estoy compartiendo contigo y espero que te bendiga así como lo hizo conmigo.

Esto es algo que enseño en la Escuela de Profetas acá en Estados Unidos y en diferentes países del mundo. Yo sé que esto podría ser un poco diferente para algunos de ustedes que están leyendo este libro, pero yo sé que si abren su corazón para oír lo que el Espíritu Santo está diciéndoles, ustedes serán bendecidos.

Primavera

La primavera es un tiempo de novedad que trae una temporada de felicidad y emoción hacia nueva vida.

Cuando nosotros pensamos en el tiempo de primavera, pensamos en las aves que están cantando a todo pulmón para decir cuán bendecidas son de adorar a Dios. Es un tiempo donde las semillas recién han sido plantadas para producir una cosecha para el jardinero o la persona que acaba de plantar un nuevo jardín con semillas de flores con expectativas de tener un hermoso ramillete que será placentero a los ojos. Es un tiempo en que la gente se enamora de la novedad de la relación que tienen. El tiempo de la primavera equivale al poder de una nueva relación entre aquellos que desean algo nuevo y diferente.

Cuando tú y yo recibimos una palabra profética de un siervo de Dios es como la semilla que ha sido plantada en la tierra por primera vez. Tenemos una emoción que viene con la semilla de la Palabra del Señor que ha sido hablada sobre nuestras vidas en el tiempo que sentimos que la necesitábamos más. Tal como el jardinero, tenemos que cuidar de esa semilla o palabra que nos ha sido dada por el Señor a nuestras vidas, porque conocemos que tenemos un enemigo que quiere la semilla con la que el Señor nos ha bendecido si nosotros permitimos que caiga junto al camino (Marcos 4:4).

Tú podrías querer que todos sepan lo que el Señor te ha dicho, y que ellos compartan la emoción de esa semilla o Palabra que ha sido dicha sobre tu vida, que está brotando. Debo decir algo muy importante a tu corazón. Por favor permítele al Espíritu de Dios ministrar a tu hombre interior. ¡No todos van a compartir el entusiasmo que tienes cuando recibes la Palabra de Dios!

Podría haber muchas razones por las cuales ellos no están tan entusiasmados como tú lo estás acerca de lo que el Señor ha hablado y tú debes saber esto. Hay algo positivo y algo negativo en cada estación a través de la cual pasamos en la vida. Si no sabes esto, te darás por vencido cuando vengan las tormentas de la vida – y éstas vendrán.

Una cosa que odiamos como pueblo de Dios son las tormentas de la vida. Nosotros sentimos que Jesús ya ha pagado el precio, entonces ¿Por qué deberíamos pasar a través de estas tormentas?

Cada estación tiene una tormenta que va a través de la estación hacia la próxima estación. Todas las tormentas no son iguales. Cuando tú recibiste esa palabra del Señor, eso era todo en lo que podías pensar en ese tiempo, pero lo que no tomaste en cuenta fue el proceso de la semilla siendo partida para traerte la vida de la semilla o la palabra del Señor. ¡Lo queremos AHORA! No importa cuán grande pudiera ser la semilla en sí misma, aún así tiene que morir para producir la cosecha que se necesita para tener mucho fruto. ¡Tú tienes que permitir que el proceso tome lugar y tienes que ver el árbol antes de tener el fruto de ese árbol!

Cuando compras semillas para el maíz debes saber que la semilla tiene la habilidad de producir lo que tú estás buscando en esa semilla. En otras palabras, tú "ves" el maíz antes de "ver" el maíz. Tú debes *ver* la cosecha antes de tenerla. Sí, tú conoces que existen enemigos de la cosecha, pero sabes lo que será necesario para ver la cosecha a través de esos tiempos difíciles. Se requiere paciencia y confianza para recibir una cosecha de lo que ha sido plantado en tu vida.

Si no tú no estás dispuesto a esperar la plenitud del proceso abortarás la promesa. Por favor nota que no dije que Dios aborta la promesa, eres tú. Ahora bien, si permites que el proceso tome lugar en tu vida y le das gracias a Dios en los buenos tiempos [días soleados] y los tiempos malos [días de tormenta], ¡tú avanzarás hacia la siguiente estación en tu vida!

Por lo tanto, lo que Dios hace es darte una razón para dejar esa estación [primavera], de modo que puedas ir a la siguiente estación [verano] con una nueva razón para esa estación.

Verano

El verano es la manifestación de lo que has estado esperando en la primavera. Este proceso ha llegado a la plenitud del cumplimiento de lo que has estado esperando de esa semilla. Lo que fue plantado ha producido vida.

La palabra que recibiste del siervo del Señor es vista ahora por aquellos que han escuchado la palabra, o por aquellos a los que les contaste lo que Dios había hablado a tu corazón. Está en plena manifestación para que el mundo sepa que tú te has movido a una nueva estación que mostrará la fidelidad de tu Padre Celestial, que te ama tanto.

Tú ahora muestras a aquellos que dudaron de la mano de Dios que El es fiel a Su palabra hablada a través de sus siervos que hablan de Su parte. Ahora estás caminando en la plenitud de las promesas de Dios y el mundo verá a Jesús en las cosas que ellos no podían ver antes. Este es el tiempo en el que descansas en el Señor y la fidelidad de Su palabra para ti y tu familia. Tú estás ahora disfrutando del viento de la promesa que está soplando a través de ti y tu ministerio, y del éxito por el cual has estado esperando en el tiempo de primavera. Parece como si todo hubiera encajado en su lugar cuando lo que tocas es bendecido y prosperado.

El verano es un tiempo donde el sol está brillando sobre ti y tú tienes una canción de victoria en tu boca y tu corazón. Tus hijos son bendecidos, el ministerio está avanzando y las personas ahora te llaman bendecido porque ellos pueden ver la bondad del Señor sobre tu vida y tu familia.

¡El verano es igual al compañerismo porque todos desean lo que tú tienes! Existe también lo positivo y lo negativo en esta estación, lo cual debes enfrentar, si has de entrar en la próxima estación que el Señor tiene para ti.

El verano puede causar que veas las cosas que tú tienes ahora más que a Aquel que te tiene a ti. Cuando tú apartas tus ojos de Dios y empiezas a mirar lo que la semilla ha traído a tu vida, tendrás entonces una gran tormenta viniendo de la nada, para mostrarte que necesitas enfocarte en tu identidad en Cristo. No estoy diciendo que cuando vienen tormentas a tu vida tú hayas hecho algo incorrecto o que hayas olvidado a Dios. ¡Lo que estoy diciendo es que, en las cosas naturales de la vida tenemos tormentas que aparecen de la nada y antes que lo sepamos es una tormenta huracanada!

El clima puede cambiar en cualquier momento en la estación de verano y debemos escuchar las advertencias que vienen para hacernos saber que estamos dirigiéndonos hacia algo grande. Ve que en el tiempo de verano, nosotros además nos volvemos flojos porque aquello por lo que hemos esperado y orado está ahora en nuestras manos; ¿Y entonces por qué necesitamos buscar el rostro del Señor tal como lo hicimos en el tiempo de primavera?

Has soportado la tormenta de la primavera y ahora puedes recostarte y disfrutar del fruto de su labor. Has olvidado acerca de tu verdadera identidad en Cristo, entonces ya no ayunas como lo hacías en la primavera, o no oras como lo hacías en ese tiempo porque ¿para qué necesitas orar por aquellas cosas cuando tienes todo lo que necesitas?

Yo soy de Albion, Michigan y en Michigan nosotros tenemos lo que llamamos tornados. Es una columna de aire violenta en forma de remolino vista como una nube en forma de embudo que usualmente destruye todo en su angosta trayectoria. Lo que esta tormenta también puede hacer es despejar de cosas que no se moverían de otro modo.

Algunas veces como hijo de Dios, tú no te moverás a menos que algo llegue para moverte de donde estás viviendo cómodamente. Tú estás cómodo con las cosas que sientes que mereces. Se necesita aire frío y caliente viniendo juntos para causar esta clase de tormenta y tú no lo puedes controlar. Lo que esta clase de tormenta trae es un cambio que podría no haber sucedido si no hubiera impactado tu vida para un cambio. Lo que también hace por ti es traer expectativa por una nueva estación y empujarte hacia ella.

Tú puedes volverte orgulloso, arrogante y egoísta, porque tienes todo lo que deseas en este tiempo de verano de tu vida. Entonces Dios permite que estas tormentas vengan y quiten cualquier cosa que no es como Él, o que no muestra la identidad de Su Hijo. Entonces Dios te da una razón para dejar esta estación [verano] de modo que puedas ir a la siguiente estación [otoño] con una nueva razón para esa estación.

Otoño

El otoño es una estación muy hermosa del año porque es un tiempo de cambio. Cuando tú reflexionas sobre las dos estaciones anteriores, puedes ver la mano de Dios llevándote a través de aquellas estaciones de crecimiento, el cual fue necesario para ver este día. En esta estación notarás que este es el tiempo del año cuando las hojas se tornan de los diferentes colores del arco iris, lo que muestra la mano de un Dios Todopoderoso, a quien servimos diariamente.

En mi pueblo natal, tenemos un parque que me gusta visitar cuando estoy en Michigan, se llama el Parque Victoria. En otoño, cuando estoy allí, simplemente voy y me siento para ver los diferentes animales que vienen al parque para conseguir alimento para la estación por venir. Yo miro la belleza de los alrededores del parque y la paz que existe allí mientras camino alrededor del parque en oración.

El otoño puede llevarte a un lugar en donde puedes ver los cambios que vienen. Yo sé que a algunas personas no les importa los cambios que vienen a la vida porque ellos no pueden cambiar nada en esa estación. Tal como en las estaciones anteriores, tienes lo bello y lo no tan bello de esta estación. Tú tienes las cosas positivas y negativas de esta estación, a través de la cual estás pasando en esta vida de cambios.

En esta estación, del mismo modo en que puedes enamorarte es la misma manera en que puedes desilusionarte. En esta estación, los vientos cambian y el aire caliente del verano ha cambiado para ser una brisa fresca, y las cosas que tú podías usar en el tiempo de verano ahora no están.

El otoño está preparándote para la estación de invierno, y el cambio no es algo que pueda ser pasado por alto debido a que no desees que cambie para ti y los que amas. Es cuando las personas rompen relaciones los unos con los otros; un tiempo cuando ellas no están listas para que las cosas cambien, o no quieren el cambio para nada en sus vidas.

En esta estación, las personas se enferman porque el clima ha cambiado y no hace mucho calor ni mucho frío como para matar los gérmenes que están en el aire. En esta estación, tú eres malentendido porque todo lo que consideras tan preciado ha cambiado, así como aquellos que estuvieron contigo al recibir el fruto de tu labor. Tú te has olvidado de tu verdadera identidad en Cristo; entonces no ayunas como lo hiciste en el tiempo de primavera. ¡¿Por qué necesitarías hacer aquellas cosas cuando tienes todo lo que necesitas?!

En esta estación eres malentendido porque todo lo que considerabas tan querido ha cambiado. Aquellos que estuvieron contigo en la estación de lo que ellos llamaron "prosperidad" ahora se han ido porque no querían recibir el cambio que ellos sabían que estaba llegando en esta estación. Ellos sintieron la frialdad de los vientos de cambio y sin embargo no quisieron abrazar ese cambio de vida.

En primavera tuviste personas viéndote quebrar la semilla que te fue hablada. En verano ellos celebraron contigo porque ellos podían ver y participar de lo que fue hablado sobre tu vida. Ahora, los árboles que antes estaban tan verdes y tan hermosos, han cambiado de colores y estas personas ya no desean lo que tú tienes, porque piensan que estás yendo en la dirección equivocada.

La multitud que una vez estuvo allí ahora se ha ido y se está volviendo más y más pequeña. Ahora, puedes ver que en esta estación no puedes darles la mano a aquellos a los que acostumbrabas darles la mano, como en las dos estaciones pasadas.

En esta estación en la cual estás, es tiempo para tomar lo que te ha sido dado y guardarlo para un día muy frío que está llegando en la próxima estación. En lo natural, los animales almacenan cosas para una estación muy dura de invierno y nosotros necesitamos hacer lo mismo con la Palabra de Dios que nos ha sido dada en un tiempo de necesidad (Josué 1:8).

El otoño es igual a adoración, entonces nosotros podemos ver cuánto tú adorarás a Dios en medio del cambio a través del cual irás en esta estación. ¡Nosotros no le adoramos por lo que Él ha hecho por nosotros, sino que le adoramos por lo que Él es! Entonces Dios te da una razón para dejar la estación [otoño] de modo que puedas ir a la siguiente estación [invierno] con una nueva razón para la siguiente estación.

Invierno

¡El invierno puede ser la estación más hermosa y la más mortal de todas! El invierno es una estación de frío donde todo lo que no está arraigado y enraizado morirá. Pero todo lo que está arraigado y enraizado será preservado por el manto del invierno.

En las tres primeras estaciones, notamos que todas ellas trajeron algo a nuestros corazones. La primavera trajo "Relaciones" y el verano trajo consigo "Compañerismo", mientras que el otoño trajo "Adoración". En esta estación de invierno, aquello con lo que tú contabas ahora se ha ido del todo, y tú estás donde no puedes oír ni ver a nadie en el cual puedas confiar, sino en Dios y solamente en Él.

Es el comienzo de la estación de invierno, ahora tú puedes contemplar la belleza de la nieve fresca que está cayendo por primera vez en esta hermosa estación. Cuando sales fuera puedes ver tu propio aliento en el aire frío; tú reflexionas sobre las tres estaciones por las que pasaste y cómo primero necesitaste una "relación" con Dios, la cual te llevó a un lugar de "comunión" con Dios, lo que causó que tú le dieras "adoración" a Él.

Tú tomaste la sernilla que te fue hablada y le permitiste ir a través del proceso de morir para traer la plenitud de lo que fue dicho. Luego tomaste esa semilla que ahora fue vista por otros que sabían que Dios había respondido tus oraciones porque la promesa ahora fue manifestada ante los ojos de ellos. Pero cuando la siguiente estación vino, fue una estación de cambio en la cual tuviste que aferrarte a las promesas. Otros pensaron que no habías entendido a Dios porque había llegado el tiempo de despojarse y tú te quedaste solo en este tiempo de cambio.

El invierno trae una frescura y nitidez en el aire que parece tan frío, pero sin embargo tan refrescante al tacto. En esta estación, hay cosas que no puedes ver, pero tú sabes que tiene que haber un cambio para que las cosas sobrevivan al frío del invierno. Yo sé que existen aquellos que dirían, "Un Dios amoroso no permitirá que nosotros pasemos o caigamos en esta clase de estaciones que puedan causarnos penurias en esta vida". Si ese eres tú, entonces te has desviado de tu verdadera identidad en Cristo Jesús.

Existen cosas positivas y negativas en esta estación así como en las estaciones anteriores y nosotros necesitamos saber que las cosas negativas no siempre son lo que parecen ser. En esta estación de invierno, parece como si los cielos fueran de bronce y nada estuviera viniendo del cielo sobre las cosas por las cuales tú has estado orando. Es una estación donde todo es desnudado, cuando tú solamente puedes ver el esqueleto de los árboles. Una vez fuiste conocido por lo que tenías, pero ahora es por aquello que ha sido expuesto por esta estación de frío.

Yo sé que tú puedes decir ¿Por qué Dios el Padre haría algo así a aquel a quien Él ama? Entonces, mira la cruz de Jesús y verás que mientras Él colgaba sobre el madero por ti y por mí, ¡Él estaba expuesto a todos los que pudieran verlo! El no tenía ropas mientras estaba en la Cruz (Hebreos 12:2). Así como el árbol sin hojas así estuvo Él sobre el madero por ti y por mí para hacer posible que seamos libres de los pecados que teníamos en nuestras vidas.

En esta estación, parece como si la voz del Padre no fuera escuchada; parece como en aquel tiempo en el que Dios no había hablado en 400 años a Su pueblo, sobre el cual era invocado Su nombre. Nosotros también nos sentimos de esa manera cuando nuestras oraciones no son contestadas en el tiempo en el cual sentimos que debieran ser contestadas.

Cuando Jesús estaba en el Jardín y estaba orando al Padre que esa copa pasara de Él, tú notas que el Padre nunca dijo nada (Mateo 26:39). Puedes oír a Jesús clamar en la cruz, preguntándole al Padre, "por qué Él lo había abandonado", pero ni una palabra desde el cielo (Mateo 27:46).

En esta estación de invierno, el Padre no nos dice ni una sola palabra a ti ni a mí, así como lo hizo con Su Hijo, Jesús. En las tres primeras estaciones, tú pudiste escuchar la voz del Padre, llamándote y hablándote como Él lo hizo con Jesús en Su día. Pero ahora tú estás en la estación de invierno de tu vida y ahora todo está desnudo, ¡así como lo estuvo Cristo en la Cruz! Las personas que pensaste que iban a orar contigo y por ti están ahora dormidos y no te escuchan en tu tiempo de necesidad. Y otros corren cuando ellos ven al enemigo viniendo contra ti de una manera que no han visto antes.

Tú estás completamente solo y ahora, a Aquel que dijo que nunca te dejaría ni desampararía, no lo puedes encontrar en ninguna parte cuando clamas a Él. ¿Qué haces tú? La razón por la que el Padre no respondió a Jesús en Su estación de invierno fue porque Jesús ya sabía lo que el Padre le había llamado a Él a hacer por el Reino de Dios.

En esa estación cuando Dios está en silencio y no habla, es porque tú ya sabes qué hacer y la respuesta ya te ha sido dada por el Padre. La cruz te hará clamar a Dios como nunca antes mi amigo. ¡Tomar tu cruz mostrará lo que hay en tu corazón! Así que lo que Dios hace es darte una razón para dejar esa estación [invierno] de modo que puedas ir a la siguiente estación [esta primavera es un nuevo día para ti].

¡La razón por la cual compartí la parte negativa de las estaciones al final es para mostrarte que una cosa negativa y una positiva para Dios son igual a positivo! Las matemáticas de hoy dicen que un negativo y un positivo son igual a un negativo. Ahora bien, esa es la manera como el hombre lo ve, pero esas no son las Matemáticas de Dios el Padre. El tomó a Jesús, quien fue y es un positivo y añadió la cruz con su muerte, que es negativo; ¡lo puso en la tierra y al tercer día Él se levantó con el poder de la resurrección y eso es igual a positivo!

Si tú fueras a sacar la batería de un automóvil para cargarla, necesitarías cables de arranque que pudieran conectarse a los polos positivo y negativo para cargarla. ¡Entonces permítele a la Palabra de Dios cargar tu vida!

Capítulo 6

> IDENTIDAD: LA MISMA NATURALEZA O CARÁCTER CON LA MISMA SINGULARIDAD.
>
> NATURALEZA: LA HECHURA DE ALGO O ALGUIEN.
>
> CARÁCTER: UN RASGO O CUALIDAD DISTINTIVOS

En el principio cuando Dios el Padre dijo 'Yah-he' [El hebreo para 'sea la luz'] hubo luz porque Él lo habló y fue hecho.

Todo lo que Dios deseó, Él lo habló a existencia para Su propia gloria (Génesis 1). La Palabra de Dios dice que la tierra estaba desordenada y vacía y que las tinieblas estaban sobre la faz de las profundidades. Y el Espíritu de Dios se movía sobre la faz de las aguas (Génesis 1:2).

Cuando yo veo esta parte de la Palabra de Dios, yo veo al hombre en su estado caído sin Dios en su vida. Sin Dios estamos desordenados y vacíos y tenemos oscuridad en nuestras vidas, porque Él es la Luz del mundo (1ª Juan 1:5). ¡Para conocer nuestra identidad debemos conocer el precio que fue pagado antes de la fundación del mundo! Podemos ver en Génesis 1:3 al Padre hablando a la oscuridad y llamando a la luz a aparecer y fue hecho.

En Génesis 1:4-5, vemos a Dios dividiendo la luz de las tinieblas. El llamó a la luz Día y a las tinieblas Él llamó Noche. Ahora notemos que no había sol ni luna en ese tiempo en que Él habló a la luz y las tinieblas que fueron divididas por Sus Palabras.

En Génesis 1:14-17 tú puedes leer que el Padre puso dos lumbreras diferentes en los cielos para dar luz a la Tierra, para crear las estaciones y días y aun los años. Él hizo la lumbrera mayor para que señorease en el día (el sol) y la lumbrera menor para que señorease en la noche [la luna] y Él además hizo las estrellas. Entonces, si el

Padre no había creado el sol y la luna todavía, ¿cuál era la luz en Génesis 1:3-5, que separó la luz de las tinieblas?

¡Cuando tú y yo vemos la Palabra de Dios, Él siempre nos da la respuesta de lo que necesitamos saber para Su gloria! Veamos en Juan, el primer capítulo, para ver el poder de nuestra identidad en Cristo. Nosotros escuchamos al escritor decir,

> *"En el principio era el Verbo [Jesús] y el Verbo [Jesús] era con Dios, y el Verbo [Jesús] era Dios. Este era en el principio con Dios. Todas [sin faltar nada] las cosas por él [el Verbo] fueron hechas, y sin él [el Verbo] nada de lo que ha sido hecho, fue hecho. En él [el Verbo] estaba la vida; y la vida era la luz de los hombres. La luz en las tinieblas resplandece; ¡y las tinieblas no prevalecieron contra ella [o no tuvieron el poder de impedirle salir] (Juan 1:1-5)!* (Reina Valera 1960)

Ahora, esto está hablando acerca de esa luz en el principio que separó las tinieblas que estaban sobre la Tierra. Nosotros estamos hechos de tierra; Génesis 2:7 nos habla de que Dios sopló aliento de vida en el polvo y fue un alma viviente. Cuando vemos al Espíritu de Dios moviéndose sobre las aguas de la tierra, podemos saber que éstas son el hombre, porque fuimos hechos de setenta por ciento de agua.

En el Antiguo Testamento, nosotros sabemos que el Espíritu solamente podía reposar sobre el pueblo de Dios, ¡y no fue sino hasta que Jesús vino que él pudo entrar (a través del Espíritu Santo) en aquellos que le dieran sus vidas al Señor (Hechos 2:1-5)! Entonces si el sol y la luna no habían sido creados todavía, entonces tenía que haber algo mayor que el sol y la luna que vendría después.

En el Libro de Apocalipsis 13:8 dice que el Cordero fue inmolado antes de la fundación del mundo. Entonces el precio fue pagado por completo al principio y Él es la Luz que separó la caída de la humanidad. Ahora, el poder de la identidad podía surgir a través de aquellos que Dios creó para Su gloria, ¡nosotros!

Cuando Adán y Eva desobedecieron el mandato de Dios de no comer del Árbol de Bien y el Mal, no tomó a Dios por sorpresa que eso sucediera. Dios ya sabía porque Él está sentado en alto y mira hacia abajo a los hijos de los hombres y lo que ellos hacen en Su vista. Entonces si tú estás pecando y piensas que Dios no ve lo que estás haciendo entonces te estás equivocando tal como Adán y Eva lo hicieron al principio del tiempo.

Nosotros tenemos el mismo derecho y capacidad de hablar tal como lo hizo el Padre cuando Él llamó a las cosas a existencia. ¡Yo oro que a través de este pequeño libro tu corazón busque a Dios! Y que llegues a conocer tu identidad en el Reino de Dios y que venza las cosas en este mundo diariamente a través de Su Palabra. ¡Cuando Dios habló a Adán y Eva, Él les dio Su identidad a través de la palabra de Vida hablada!

La caída del hombre no fue el fin de la raza humana, fue un retroceso en lo que el Padre tenía para Adán y para lo cual lo había creado, comunión y verdadera adoración. La identidad de Dios fue y es Su amor por la humanidad y el dominio que Él le dio a Adán sobre todo lo que Él creó sobre la Tierra. Cuando nosotros sepamos el verdadero significado de nuestra identidad, nosotros caminaremos en ese dominio que fue dado al principio con el primer Adán. ¡Jesús es el Segundo Adán que nos muestra cómo el primer Adán debió haber caminado en su verdadera autoridad y el dominio de su identidad!

Capítulo 7

PALABRAS/EXPECTACIÓN

PALABRAS: UN DISCURSO, SONIDO, O SERIE DE SONIDOS, QUE TIENEN SIGNIFICADO COMO UNA UNIDAD DE LENGUAJE, LA REPRESENTACIÓN ESCRITA O HABLADA; UNA PROMESA O GARANTÍA.

EXPECTACIÓN: ALGO ANHELADO; UN ESPERAR; ANTICIPACIÓN; UNA RAZÓN PARA ESPERAR ALGO

Romanos 4:17 nos dice que *llamemos las cosas que no son como si fueran.* Ahora, ¡eso es muy poderoso cuando tú lo ves desde el conocimiento de quién tú eres o tu identidad en Cristo! Jesús dijo que nosotros tenemos cualquiera cosa que pidamos (Marcos 11:23), pero todavía hablamos las cosas erróneas y esperamos que Dios cambie las cosas que decimos.

Las palabras son muy poderosas y pueden salvar una vida o quitarla. Leemos que *"La Muerte y la Vida están en poder de la lengua y que aquellos que la aman (muerte o vida) comerán de su fruto"* (Proverbios 18:21). (Reina Valera 1960). Eso es algo para conocer que Dios dice que nuestras palabras son como fruto y el poder está en lo que nos gusta comer. El fruto que es malo puede ser dañino a nuestros cuerpos, pero cuando nosotros estamos comiendo buen fruto, este puede traer fuerzas a nuestros cuerpos, pero el comer depende de nosotros.

Al principio, Dios, el Padre, habló palabras que nos trajeron lo que vemos el día de hoy en la tierra. En Génesis, capítulo 1, escuchamos a Dios hablar a una Tierra muy oscura que estaba vacía de vida que pudiera darle a Él la alabanza y placer.

¡Todo lo que Dios deseaba lo habló para que fuese y fue hecho! Cuando Dios hizo todo, Él le dio la habilidad de reproducirse según su especie. Aun los árboles tuvieron el derecho de producir lo que estuvo en su propia imagen a través de una semilla. Nosotros podemos oír al Padre hablando a la Trinidad y llamándonos a nosotros a ser a Su imagen y semejanza, en la tierra, con dominio sobre todo aquello a lo que Él habló a ser sobre la Tierra (Génesis 1:26-27).

¡Él habló y fue y es lo mismo hoy en día cuando nosotros conocemos que Él no puede mentir! Entonces el poder de lo que Dios dijo está en el aliento que Él dio a los hombres para llegar a ser un alma viviente (Génesis 2:7). Verá, es Su aliento el que respiramos diariamente y sin embargo nos encontramos a nosotros mismos no hablando como Aquel que nos creó a través de su Palabra hablada.

En Ezequiel 37:1-14 nosotros podemos ver que él aliento se sigue moviendo en un valle de huesos secos, la nación de Israel. Lo que el profeta vio no fue lo mismo que Dios vio, es por eso que Dios hace la pregunta, ¿pueden vivir estos huesos? Para Dios ellos no estaban muertos como los vio el profeta a través de los ojos naturales; pero a través del poder de lo que Él dijo estaba la llave para conocer Su verdadera identidad en la tierra.

El Padre le dijo a Ezequiel que profetizara a aquellos huesos secos o que hablara a lo que parecía estar muerto en sus ojos y que les mandara que vivan. Dios necesitaba a alguien sobre la Tierra para que hable como Él, el Padre, habló y para que vea que el mismo aliento que fluyó a través del Padre era el mismo aliento que estaba en el profeta.

Cuando tú lees los versículos verás que cuando los huesos se juntaron, ellos tuvieron todo lo que necesitaban para ser un hombre. Tal como Adán, en el principio, cuando Dios lo formó del polvo de la tierra, él tenía todo para ser un hombre; pero le faltaba una cosa y esa era el aliento de Dios. Además así como Adán cuando los huesos recibieron el aliento de Dios, ellos se pusieron sobre sus pies como un Ejército grande en extremo (Ezequiel 37:10). Pero ellos no pudieron ver su verdadera identidad y entonces ellos hablaron lo que sintieron y no como Dios los había llamado. Ellos dijeron que sus huesos estaban secos y que su esperanza estaba perdida y que estaban del todo destruidos. ¿Suena eso como un Ejército de Dios grande en extremo? Dios puede llamarnos con aquellas mismísimas palabras [Gran Ejército de Dios] y nosotros diremos que eso no es verdad debido a lo que nosotros podemos ver o lo que alguien más dice o piensa acerca de nosotros.

El Señor es el Único que puede sacarnos de nuestros sepulcros, pero nosotros debemos quedarnos fuera de esos sepulcros del pasado. Esos sepulcros del pasado son definidos como aquello que no hicimos o lo que sentimos que no podemos hacer, porque todavía estamos mirando a una mentira y no estamos viviendo la verdad de Dios.

Nosotros leemos acerca de Jesús hablando a Sus discípulos con respecto al poder de las palabras. Él les dijo que...

> *"¿No crees que yo estoy en el Padre, y que el Padre está mí? Las palabras que yo les hablo, no las hablo por mi propia cuenta, sino que el Padre que vive en mí, es quien hace las obras.* (Juan 14:10).

Vea que las obras dependen de las palabras que fueron habladas por Jesús dijo, *"no solo de pan vive el hombre, [el dinero también es llamado pan] sino de toda Palabra que sale de la boca de Dios [el Padre]"* (Mateo 4:4). Jesús tuvo que depender de lo que el Padre dijera, tal como tú y yo, sin embargo no decimos lo que la Palabra dice cuando no podemos ver nuestra salida de alguna cosa. ¡Hable como Jesús habló y Dios hará las obras a través de Su Hijo, Jesús, la Palabra Viviente de Dios!

Yo sé que decimos que esto es más fácil decirlo que hacerlo y eso es verdad cuando nosotros no sabemos nuestra verdadera identidad en Cristo Jesús. Toda mi vida he escuchado que estas señales seguirán a aquellos que creen y luego dice lo que debería seguir al creyente. Marcos 16:17-18 dice, en el nombre de Jesús podemos echar fuera demonios, poner nuestras manos sobre los enfermos y ellos se recuperarán, podríamos tomar serpientes en las manos, y si bebiéramos cosa mortífera no nos dañaría. Cuando estaba regresando de Japón, el Espíritu Santo habló a mi espíritu y me preguntó si esta declaración era verdadera.

¿Dónde están las señales que todos los creyentes deberían estar mostrando al mundo? Él me dijo que yo había estado mirando a través de los ojos de mi propio entendimiento y que yo me había equivocado en esto. Él dijo que eso no es lo que la Escritura dice cuando ves a través de los ojos de la verdadera identidad del Espíritu. ÉL me hizo leer el versículo 15 del mismo capítulo nuevamente y luego yo vi lo que Él estaba tratando de mostrarme.

"...Vayan por todo el mundo y prediquen el evangelio a toda criatura. El que crea...." (Marcos 16:15-16).

¿Qué es lo que él debe creer? Las señales no siguen al creyente. Las señales siguen a la Palabra que el creyente predica porque si estas siguieran al creyente, entonces cada creyente que dice ser cristiano debería tener estas señales siguiéndole.

Por favor escuche lo que estoy diciéndole acá porque no estoy tratando de hablar en contra de aquello acerca de lo cual tú podrías haber sido enseñado en tu iglesia, o en la Escuela Dominical; y no estoy tratando de añadir a la Palabra de Dios. Pero nosotros como el Cuerpo de Cristo no hemos vivido conforme nuestra verdadera identidad en la Tierra. No es para unas cuantas personas especiales en el Cuerpo de Cristo que vean que las cosas sucedan ¡Es para todos nosotros! En el versículo 20 nosotros vemos el poder de lo que fue dicho y hecho por Jesús y sus discípulos.

"Ellos salieron entonces y predicaron por todas partes, y el Señor los ayudaba confirmando la palabra con las señales que la acompañaban.

Note que las señales siguieron a la Palabra que ellos predicaron porque el poder está en la Palabra o debiera yo decir, las palabras que fueron habladas a partir de la Palabra. Sin una expectación de la Palabra de Dios, tú nunca conocerás la verdadera identidad que está dentro de ti a diario. Juan 15:7 nos dice que debemos vivir en la Palabra y permitir que la misma Palabra viva en nosotros, y cuando lo hacemos, podemos pedir lo que queramos [Su voluntad es nuestra voluntad] y será hecho por nosotros. Di esto conmigo,

"¡Yo estoy en Cristo y Cristo está en mí, y cuando yo abro mi boca Su Palabra es mi identidad!"

Tus palabras te delatan. En Marcos 11:22-24 escuchamos a Jesús declarar qué clase de fe necesitamos tener y es la clase de fe de Dios (v.22).

Tú podrías preguntar, "¿La clase de fe de Dios?" La clase de fe de Dios es "SIN Duda". Ahora, el verdadero poder está cuando nosotros permitimos a la Palabra de Dios fluir a través de nosotros sin ninguna duda en conocer que las cosas que han sido dichas por el Padre son verdad. Jesús dijo que cuando nosotros hablamos a la montaña sin ninguna duda, tenemos cualquier cosa que digamos a través del poder de la palabra que estamos hablando porque nuestra fe está en Dios.

Yo quiero decir algo acá de modo que tú puedas conocer lo que la montaña es. En esta parte de las Escrituras Jesús estaba hablándonos acerca de la "Falta de Perdón" que portamos en nuestros corazones. Yo había leído y pensado que Jesús dijo la palabra *'montañas'* y el Espíritu de Dios dijo, "¡No, Jesús dijo *'montañas'*!" Nosotros les llamamos 'montañas' porque tenemos muchas cosas viniendo contra nosotros a diario que parecen como montañas que no podemos vencer. Entonces llamamos las cosas duras en la vida 'montañas' como la falta de dinero, o enfermedad, etc. Sí, éstas podrían ser montañas en tu vida y la mía pero esta no es la montaña acerca de la cual Jesús estaba hablando acá. Yo sé que hemos llamado a esta parte un versículo de fe en la Biblia debido al poder de hablar a algo que no puede ser movido por las manos de un hombre. En los versículos 25 y 26 Jesús dice:

> *"...Y cuando oren, si tienen algo contra alguien (vuestro hermano), perdónenlo, para que también su Padre que está en los cielos les perdone a ustedes sus ofensas. Porque si ustedes no perdonan (a vuestro*

> *hermano), tampoco su Padre que está en los cielos les perdonará a ustedes sus ofensas."*

¿Cómo podemos nosotros caminar en el poder de nuestra identidad cuando nosotros no nos perdonamos el uno al otro ni siquiera en el Cuerpo de Cristo? Una vez que andamos en el área del perdón, entonces podemos ver nuestras oraciones respondidas a través de la Palabra de Dios y no preocuparnos acerca de cómo, cuándo, dónde ni por qué. El versículo 24 dice

> *".. les digo: Todo lo que pidan en oración, crean que lo recibirán, y se les concederá."*

¿Qué vino primero, el recibir o el tener? Cuando conocemos quiénes somos, esperamos que así sea en el nombre de Jesús, sin ninguna duda en nuestro corazón. ¡Tú tienes que tener expectación antes de tenerlo! Si yo te llamara y te dijera que te he enviado un paquete y que debería llegarte uno de estos días, ¿cuándo lo recibiste, cuando estuvo en tus manos o cuando yo te dije que te lo había enviado y estaba en camino a tu casa? ¡Lo recibiste cuando te dije que te lo había enviado!

Cuando tú y yo caminamos en nuestra identidad de lo que el Padre nos dijo a través de Jesús y lo vivimos a diario, entonces nosotros tenemos lo que hemos recibido. Recibir viene a través de la dimensión del Espíritu primero y luego lo tenemos en la dimensión natural. Esto nos muestra el poder de la fe en lo que estamos esperando de Dios.

La identidad es conocer que tú estás en la voluntad de Dios y es ver que la Palabra que ha sido hablada sobre tu vida se cumplirá en tanto conozcas que la Palabra de Dios es real en tu corazón.

Cuando Jesús habló, Él esperaba que lo que Él dijo se cumpliera. El vivió por cada palabra que salió de la boca del Padre (Mateo 4:4).

Si yo fuera a comprar comida al paso en automóvil a McDonald para ordenar algo de comer, primero, debo detener el auto y revisar el menú para ver lo que me gustaría y luego por el intercomunicador haría mi pedido de lo que yo quiero de ese menú. Si yo no buscara nada de comer yo nunca iría a la ventanilla de servicio por comida, yo simplemente seguiría adelante.

Sin embargo, cuando yo aprieto el botón del intercomunicador, yo oigo una voz hablándome y preguntándome, "¿Qué deseas comer?" Yo no puedo ver a nadie pero escucho la voz, la cual me invita a tomar una decisión acerca de lo que voy a comer. Luego yo hago mi orden del menú y la voz me dice que debo avanzar a la caja, y entonces puedo pagar por lo que he pedido aunque todavía no pueda ver la comida.

Cuando llego a la caja, el empleado me dice cuánto debo por la comida que acabo de ordenar y yo le doy la suma que me ha pedido. Cuando avanzo el auto a la siguiente ventanilla, la de entrega, yo recibo lo que he ordenado. Entonces, ¿cuándo recibí la comida? La dimensión de la expectación es cuando tú recibes, antes de tenerlo (Marcos 11:24).

Tal como en McDonald's, La Palabra de Dios es el menú que tú ordenas para recibir del Padre. La voz que escuchas aunque no veas un cuerpo preguntándote lo que a te gustaría ordenar del menú o Palabra de Dios, es el Espíritu Santo. El dinero que tienes que pagar en la caja es llamado la substancia o tu alabanza y adoración, que deben ser dadas a Jesús, para recibir lo que ordenaste al principio. Cuando llegas a la ventanilla de entrega, el Padre tiene lo que tú necesitabas de Él, ¡y entonces ahora puedes tener lo que ordenaste (Marcos 11:24)!

Tú recibiste la comida cuando la ordenaste, o debiera ponerlo así ¡lo que tú hablas es lo que tienes (1 Juan 5:14-15)! Esto es lo que llamamos la dimensión de la fe o expectación conforme a la cual debiéramos vivir cada día de nuestras vidas.

Cuando Jesús habló, él sabía que las palabras eran del corazón del Padre, Jesús podía caminar en el poder de saber que lo que fue dicho sucedería sin duda alguna.

Cuando una persona declara los impuestos al final de año, la persona está esperando un reembolso de parte del gobierno por lo que le fue tomado durante todo el año.

Para entender la plenitud de lo que te corresponde, tú primero debes saber el precio de lo que fue pagado por tu ardua labor por el año. En mi país uno a una Compañía de Reembolso de Impuestos, para declarar tus impuestos y ellos te dicen que vas a recibir de vuelta $6,000.00 como reembolso.

La primera cosa que debes hacer es firmar tu nombre sobre el documento diciendo que estás de de acuerdo con lo que se dice y luego les haces saber cuán rápido deseas el dinero. Cuánto más pronto desees tu dinero más dinero tendrás que pagar para recibirlo. ¿Cuándo recibiste tu dinero? ¿Cuando vino el cheque por el correo o cuando te lo depositaron en tu cuenta del banco? ¡Tú lo recibiste cuando firmaste por él! Tú podrías estar esperando que llegue el dinero, pero ya has empezado a gastarlo cuando le dijiste a tu esposa o esposo, "Vamos a pagar esto y lo otro"; sin embargo no tienes el dinero en tu mano. La dimensión de la expectación o fe es lo que tú tienes, lo cual te hace actuar sobre lo que has recibido dentro de tu espíritu.

Cuando tú y yo caminamos en nuestra verdadera identidad, nosotros caminaremos en la dimensión de la expectación a través de las palabras que hablamos diariamente. ¿Quién Eres?

Capítulo 8

CONOCER/VELO

CONOCER: TENER CONOCIMIENTO

VELO: CUALQUIER COSA USADA PARA OCULTAR, CUBRIR, SEPARAR

Cuando venimos al poder de nuestra verdadera identidad y caminamos en el conocimiento de esa identidad, nos volvemos una amenaza para el reino de este mundo y su gobernador, Satanás. Cuando entramos en lo que Dios nos ha llamado a ser no solamente en este mundo sino además en el Reino de Dios, ¡entonces nosotros sabremos que somos victoriosos en cada área de nuestras vidas!

Escuchamos a Pablo hablar acerca de que hemos sido plantados en la muerte y resurrección de Jesús, el Cristo. Pablo dijo que nosotros deberíamos saber que estamos muertos al pecado y que éste no tiene más poder sobre nuestras vidas cuando sabemos que él pagó el precio por nosotros sobre la Cruz. Asimismo, nosotros necesitamos saber que además somos resucitados con Él y que debiéramos andar en novedad de vida (Romanos 6:1-5).

Los cristianos de hoy en día no han entendido esto plenamente. Si así fuera, ellos no permitirían las cosas que permite en sus familias o aun en sus cuerpos. Yo pensé que yo estaba bien si yo le confesaba mi pecado, hasta la siguiente vez que hacía lo mismo. El pecado estaba todavía muy latente dentro de mí y yo no sabía cómo vencerlo en mi diario caminar

La Palabra de Dios dice,

"Mi pueblo es destruido porque le faltó conocimiento [o la falta de conocer]...",

...y nos detenemos allí y decimos que eso es todo y sin embargo hay más en la escritura. Nosotros necesitamos conocer por qué la Palabra de Dios dice lo que dice y ¡no simplemente usarla para lo que pensamos que dice! El resto de la escritura dice:

*"... por cuanto desechaste el conocimiento [o el conocer], yo también te desecharé, **y NO serás SACERDOTE para MÍ** viendo que tú te has*

*olvidado de la Ley (Palabra) de tu Dios, yo también
me olvidaré de tus hijos (Oseas 4:6) (Paráfrasis)*

¡La clave acá es que Dios, el Padre, dice que "NO seríamos SACERDOTES" para Él! En Números 18, vemos que existían tres clases de personas en ese tiempo, los hijos de Israel, los Levitas y el Sacerdote.

Los hijos de Israel eran aquellos que siempre veían a Dios, el Padre, como uno que podía satisfacer sus necesidades en la tierra. Ellos solamente pensaban acerca de sí mismos y en nadie más. Ellos daban sus ofrendas al Señor, y a cambio, pensaban que Dios les debía algo debido a su dar y no a su vivir. Para ellos siempre era, "¿Qué puedes hacer por mí Señor?, porque yo te di lo que me pediste". Ellos no lo hacían porque amaran al Señor.

¿Toca eso una cuerda en tu corazón como lo hizo con el mío cuando yo vi a mi corazón y a mi dar?

Los Israelitas tomaban un décima parte de lo que tenían y se lo daban a los Levitas, quienes cuidaban del templo del Señor. Su trabajo era asegurarse de que las cosas funcionaran sin problemas en el templo. Ellos también ministraban a las necesidades del Sacerdote del Señor y sus hijos (Números 18:2-6).

Todos sus servicios eran visibles de modo que las personas pudieran ver la labor y las cosas que parecían muy importantes a los hombres. Ellos tenían la posibilidad de ver el mover de Dios en maneras diferentes y ellos además tenían la oportunidad de sentir Su verdadera presencia en el templo de Dios.

¿Cuántos de nosotros somos como los Levitas, quienes saben cómo hacer lo que se necesita para ver y sentir la presencia del Señor, y a la vez necesitan ser vistos por los hombres? Está bien servir con todo nuestro corazón, y sin embargo todavía deseamos ser vistos por los hombres y saber que tenemos su aprobación en lo que sentimos que el Señor nos ha llamado a hacer.

El trabajo de los Levitas era asegurar que las cosas estuvieran bien en el templo y tomar el diezmo de lo que ellos recibían de los hijos de Israel y dar el diezmo al Sacerdocio. Ahora, cuando nosotros vemos esta parte del ministerio, necesitamos conocer el poder de nuestra identidad, un sacerdocio real de Dios, el Padre, y caminar en ese conocimiento (1 Pedro 2:9).

Aarón y sus hijos fueron escogidos por Dios para este oficio para ser un don al Señor (Números 18:7). La nación de Israel recibió del Señor una herencia. Los Levitas recibieron el diezmo de una herencia por su servicio en el templo del Señor. El sacerdote no tenía herencia en su tierra ni tenían una parte entre el pueblo porque Dios, el Padre era su herencia (Números 18:20-21). Piensa acerca de ello. ¿Tú seguirías sirviendo al Señor si supieras que todos los otros tuvieran una herencia excepto tú? Para rematarlo, si algo saliera mal, ¡Tú tendrías que pagar por ello aún si eso significara tu vida!

La diferencia entre los Levitas y el Sacerdote era que el Sacerdote tenía que hacer todo detrás del Velo. Aarón no podía hacer simplemente lo que quisiera hacer porque era hermano de Moisés. El tenía un llamado mayor en la vida, ¡el cual era agradar a Dios! Aarón era una sombra y tipo del Cristo por venir como Sumo Sacerdote, el Señor. ¡Detrás del velo, estaba todo lo que Dios tiene y todo lo que Dios es y todo lo que Dios será! La vida estaba detrás del velo, por el cual solamente el Sumo Sacerdote podía pasar y pararse delante del Dios del Israel y sabía que su deber era asegurarse que el Padre estaba complacido con él y la nación.

El Arca del Pacto estaba detrás del velo junto con la presencia del Señor la cual portaba en ella. Cuando Jesús vino sobre la tierra, Él se convirtió en nuestro Sumo Sacerdote, para mostrarnos como deberíamos caminar delante del Padre y servirle a Él con todo nuestro corazón, alma y mente. En Oseas leemos que Dios dijo que ellos rechazaron el conocimiento o el conocer y debido a que ellos rechazaron el conocer, Dios los rechazó a ellos como sacerdotes.

Gracias a Dios por nuestro Sumo Sacerdote Jesús y por el precio que Él pagó por nosotros sobre la cruz, de modo que nosotros pudiéramos ser un real sacerdocio, a quienes Dios llamó un linaje escogido, ¡para ver la plenitud de lo que Él nos ha hablado a nosotros y a través de nosotros! Nuestra identidad está en Cristo porque Él es nuestra verdadera identidad. El poder estaba y está detrás del velo que tenía que ser rasgado en dos, de manera que la vida del Padre pudiera ser dada al hombre a través de Su amado Hijo, Jesús.

Cuando Jesús murió sobre la cruz, la vida que estaba detrás del velo tenía que surgir y esa vida es el poder de Dios y Su verdadera presencia. Esto es lo que nosotros llamamos la sangre de Jesucristo. La vida está en la sangre y en el Antiguo Testamento nosotros le llamamos el Arca del Pacto y en el Nuevo Testamento le llamamos la sangre de Jesús, el poder del Espíritu Santo y el Reino de Dios que está detrás del velo debe ser rasgado en dos.

Ese velo fue la sangre que contiene las cosas de Dios detrás de ella y que lleva esta vida que nosotros llamamos Cristianismo. Nosotros necesitamos el velo o la carne de este lado de la vida. Pero, nosotros debemos identificarnos con Cristo y el precio que él pagó por nosotros para permitir que esta vida detrás del velo fluya hacia otros que necesitan conocer quién es Cristo sobre la tierra el día de hoy. Nuestro sacerdocio no depende de nosotros, sino de Su vida, muerte y resurrección sobre las cuales nos apoyamos hoy. Si tú NO estás dispuesto a identificarte con lo que Él ya ha hecho por nosotros en la cruz, tú no caminarás en el poder que viene con la novedad de vida acerca de la cual hemos hablado.

Aarón tuvo que ir delante del Señor por la gente y ellos no entendieron el precio que tuvo que ser pagado en la presencia del Padre para ver la victoria para la nación. El no podía ir simplemente de cualquier manera delante del trono de Dios, él necesitaba asegurarse de que estaba puro delante del Señor y necesitaba saber que su corazón estaba recto a los ojos de Dios.

Detrás del velo, nadie podía simplemente entrar en la presencia del Señor sin un sacrificio puro que pudiera agradar al Padre. Detrás del velo de la carne, que tú y yo tenemos, está el poder del Reino de Dios que desea fluir a través de nosotros a diario. Tú tienes el patio exterior del templo, el patio interior, el Lugar Santo y el Lugar Santísimo, donde se quedaba el Arca del Pacto (Éxodo 36-39).

Cuando nosotros miramos la vida de Jesús, podemos ver el templo de Dios en muchas diferentes maneras y esto es algo que Dios me ha mostrado en el Espíritu. El patio exterior equivale a las personas que Jesús ministró en la plaza, en el desierto (4,000 y 5,000 más) con el pez y el pan.

El atrio interior equivale a aquellos que siguieron a Jesús de ciudad en ciudad viendo los grandes milagros que fueron hechos por Sus manos y que se llamaron a sí mismos Sus discípulos [los 70], en tanto estuvieron felices. El Lugar Santo equivale a los doce discípulos que fueron llamados por el Señor para seguirle y los tres más cercanos [Pedro, Jacobo y Juan) (Marcos 9:1-13). Ellos son a quienes se les encargó la tarea de continuar donde Jesús terminó.

El Lugar Santísimo equivale a Jesús, Él portó el Arca del Pacto dentro de Sí mismo, y esa fue la preciosa sangre de Jesús que nos redimiría de nuestros pecados. El velo fue rasgado en dos por ti y por mí para que vivamos en el Reino de Dios y esa es nuestra verdadera identidad (Hebreos 10:20).

Cuando nosotros buscamos el rostro de Dios para estos últimos tiempos en los que vivimos, debemos entender que el Señor está buscando Sus Sacerdotes, a quienes Él puede aceptar, ¡para que lleve a cabo este llamado que Él ha colocado dentro de nosotros como un regalo para Él! Debemos andar en el conocimiento de Su Palabra para saber cómo fluir en el sacerdocio de Dios. Además, para saber que sí, nosotros somos cristianos llamados por Su nombre para hacer la voluntad del Padre sobre la tierra hoy.

Nosotros debemos ser como Aarón y saber que el Señor es nuestra herencia y que Él es más que suficiente.

Jesús dijo que cuando se trata de comida, bebida o vestido no nos afanemos como los Gentiles [aquellos que no están bajo el pacto] porque vuestro Padre conoce que ustedes tienen necesidad de estas cosas (Mateo 6:33-34). Las cosas no son primero, sino que el Reino debe ser primero y el Reino es el Rey con dominio en la tierra, lo que permite a Dios el Padre gobernar y reinar en la tierra hoy. Jesús dijo que cuando entendemos nuestra identidad en Él, conoceremos nuestro sacerdocio porque Él es nuestra porción o nuestra herencia, ¡todo lo que necesitamos! Yo pregunto nuevamente, ¿Quién eres?

Capítulo 9

COSECHA: EL TIEMPO DEL AÑO CUANDO EL GRANO O EL FRUTO SON RECOGIDOS, O EL RESULTADO DE CUALQUIER ESFUERZO

El Señor habló a mi corazón acerca del poder que está en nuestras manos. Él dijo que viera un árbol crecer en la plenitud de lo que está llamado a ser. Yo necesitaba conocer el poder de la mano que planta la semilla en la tierra. Como vemos en Oseas 4:6, ¡el pueblo de Dios es destruido porque la falta de o por rechazar el conocimiento!

El sacerdote tenía la responsabilidad de enseñar a los hijos de Dios los caminos o los mandamientos de Dios. Ellos tenían la semilla del conocimiento del Dios de los cielos y sin embargo ellos escogieron ir detrás de otros dioses de la tierra. Nosotros no podemos recoger o cosechar algo que no hemos sembrado en la tierra o en la vida de alguien. Debido a su desobediencia a las cosas de Dios, la Palabra dijo que Dios ni siquiera recordaría a los hijos de ellos. Hoy en día, nosotros como un agricultor, llamaríamos a eso una mala cosecha porque no produjo ninguna vida que pudiera alimentar a otros. El resultado de un esfuerzo puede ir en una de dos direcciones en lo natural, tal como vemos en la cosecha de nuestra verdadera identidad.

El conocimiento es como una semilla que tenemos en nuestra mano, y depende de nosotros el plantarla en el tipo correcto de tierra con el fin de recibir una buena cosecha en la vida. Si lo he dicho antes, lo diré nuevamente, que a menos que seamos, siempre pensaremos y diremos que estamos en bancarrota cuando se trata de plantar una semilla de fe. Si yo dijera semilla de manzana, ¿Qué vendría a su mente? ¡Un árbol de manzana! Si yo hubiera de decir semilla de maíz, ¿Qué vendría a su mente? ¿Si yo dijera una espiga de maíz, ¿Qué vendría a mente? ¡Una espiga de maíz! Tú pudieras no saber cómo se ven estas semillas, pero sabes lo que significan por las palabras que te acabo de decir.

Si yo te diera una semilla de mostaza o de durazno y no te dijera qué clase de semillas fueran éstas y te pidiera que las plantes en alguna buena tierra, ¿Sabrías qué clase de tierra sería buena para esa clase de semilla que le di? A menos que sepas qué clase de semilla está en su mano ¡no sabrías qué clase de cosecha tendrás! Se necesita a alguien con el conocimiento de esa semilla para decirte donde necesita ser plantada, junto con la estación correcta en la que necesita plantarse.

Solamente porque tú tienes una semilla que tiene la habilidad de producir fruto, eso no significa que ésta producirá lo que estás esperando que produzca. Debes saber para qué se necesita esa semilla, y luego conocer su medio ambiente de modo que pueda producir una cosecha para ti. Eso es lo que Dios hizo cuando nos dio a Jesús (Juan 3:16). El poder no estaba solamente en la semilla, pero el poder vino de Aquel que lo plantó con el conocimiento de lo que produciría para su placer.

La vida de una semilla es la de traer placer en primer lugar a aquel que la plantó (Génesis 1). Cuando la fuerza de vida de la semilla es soltada a partir del partimiento de la cáscara exterior, ¡tan solo entonces aquel que plantó la semilla en la buena tierra puede ver la prueba de la cosecha! Tenemos que ver la cosecha de la semilla (Marcos 11:24).

Tú y yo necesitamos vernos a nosotros mismos como la Palabra de Dios nos ve y entonces darnos cuenta, que nosotros mismos también somos semillas en las manos del Padre. Jesús tuvo que ser quebrantado para producir vida para que nosotros vivamos; nosotros tenemos que pasar por lo mismo.

No, tú no tienes que ir y sacrificarte a ti mismo sobre una cruz para producir esta vida; sino saber que cuando Él murió en la cruz, nuestras vidas fueron escondidas en Él (Romanos 6:1-14). Para que tú y yo produzcamos esta clase de fruto que le agradaría al Padre, nosotros no tenemos la habilidad dentro de nosotros mismos. Se necesitó a Su amado Hijo Jesús, quien nunca pecó, para llevarnos a nosotros hacia el poder de esta cosecha-de-tiempos finales del Señor. Este mundo sabrá que esta no es la obra de un hombre, sino el trabajo de su precioso Espíritu Santo, que nos está guiando a diario.

Yo sé que todos nosotros tenemos diferentes estaciones ocurriendo dentro de nosotros mismos, lo que causa que nos preguntemos a veces si hemos escuchado al Señor sobre esta situación en la cual estamos. Algunas veces miramos al tiempo-de-la-cosecha o la falta de ella, ¡como si el Señor estuviera reteniendo cosas de nosotros! Es allí cuando la duda viene y el enemigo, o debiera yo decir "mi ser interior", mi carne, empieza a estar de acuerdo con el diablo preguntando, "Si Él es un Dios amante, ¿por qué no me da Él lo que yo siento que es mío?" Entonces, nosotros nos convertimos en un recipiente del diablo y dejamos de hablar lo que el Padre dice y hablamos lo que sentimos o no vemos en lo natural.

El tiempo-de-cosecha es un tiempo de expectación de lo que tú has sembrado [ésta traerá lo que tú necesitas de esa semilla]. Si yo quiero manzanas, yo no planto semillas y luego cuando mi cosecha produce maíz, yo culpo a la semilla que planté.

En la Biblia Viviente, nosotros leemos al hombre de Dios diciendo: *"cuán agradecido estoy con Cristo Jesús nuestro Señor por escogerme como uno de Sus mensajeros y por darme la fuerza para serle fiel a Él"* (I Timoteo 1:12). Para Timoteo el ser escogido por el Señor Jesús para el ministerio significaba que él tenía que ser plantado como una semilla que llevaría gloria a Aquel que lo llamó y lo escogió para esa tarea.

¡Jesús sabía lo que Él tenía cuando él te llamó a ti y a mí a este ministerio que está delante de nosotros para traer Gloria a Su nombre! Si yo pudiera decirlo de esta manera, bajo la guía del Espíritu Santo, que el poder de la cosecha del Señor es vivir y caminar diariamente en la plenitud de lo sobrenatural siendo lo natural (Juan 14:12).

Cuando nosotros andamos en el poder de nuestra verdadera identidad del Señor, entonces nosotros entramos en una dimensión del Reino de Dios. ¡Nosotros vemos con nuestros ojos espirituales y actuamos con nuestro conocimiento espiritual de lo que Cristo ya ha hecho por nosotros y a través de nosotros para Su gloria! Nosotros estamos esperando por una cosecha del Señor, que traerá aquello por lo que hemos estado buscándole a Él en la estación que está delante de nosotros; y aun así Él está esperando que tú sepas que el tiempo de cosecha ya está sobre nosotros (Juan 4:35).

Yo había estado buscando la cosecha que Él me debía debido a todas las semillas que había plantado. Yo había estado buscando la cosecha de la manera equivocada, a través de los ojos de mi carne y lo que sentía que Dios me debía después de todos los años de servicio a Él.

Mi diezmo y ofrenda ya debían haberme traído al lugar de una plena cosecha; sin embargo, yo no podía verla con mis ojos naturales. Es entonces cuando el Señor dijo, "cuando tú miras la semilla en tu mano antes de darla, "¿qué es lo que dices acerca de la semilla en tu mano?" Yo dije, "Señor, si yo doy esta semilla o lo último que tengo, ¡entonces estaré en bancarrota!" Es entonces cuando me mostró a mí, a mí mismo, como una semilla en Su mano. Es por eso que no le daría todo a Él; yo no quiero estar en bancarrota. Sin embargo, cuando una semilla está partida, traerá vida y mucho fruto. En tanto tú y yo estemos dispuestos a ser quebrantados, nunca estaremos en bancarrota debido a la vida que fluye a través de nosotros a diario en Cristo Jesús.

En el Antiguo Testamento, ellos tenían tres tiempos de cosecha que eran muy significativos para la nación de Israel. La cosecha de la "Cebada" venía en los meses de

Abril-Mayo (Ruth 1:22), la cosecha del "Trigo" era unos seis meses más tarde, en Junio-Julio (Génesis 30:14) y la "Cosecha de los frutos del árbol o de la vid" en los meses de Setiembre-Octubre. Dios nunca dejó de alimentar a nadie, a diferencia del hombre, quien escogería a quién alimentar y a quién no alimentar.

Jesús dijo que al pobre lo tendrían siempre entre ustedes (Juan 12:8). Pero Dios no olvidó a aquellos que estaban sin nada tal como leemos en Levítico 23:22, que los rincones de los campos no fueran cosechados y que las espigas dispersas del grano cortado no fueran recogidas. Esta parte de las cosecha fue dejada para que la gente pobre la recoja para alimentar a sus familias.

No importa por qué estés pasando, pareciera que estás siendo ignorado por el Padre y que aquellos que no están viviendo rectamente están cosechando los bienes, mientras que tú y tu familia parecen perder la cosecha; mi amigo, Dios no se ha olvidado de ti (Salmos 34:19).

Cada año el dueño de las cosechas había de presentar los primeros frutos como una ofrenda a Dios antes que él pudiera tomar nada de ella para sí mismo (Levítico 23:10, 14). Aun allí, Dios nos pide buscar primero el Reino de

Dios (Mateo 6:33) con nuestro dar. Era de lo que estaba en las manos del dueño que Dios dijo, "Tú tienes la autoridad de darme a Mí de la cosecha de la semilla que plantaste".

El fruto no había de ser recogido durante las tres primeras estaciones por el dueño del nuevo huerto o viñedo. El cuarto año había de ser ofrecido al Señor y no era sino hasta el quinto año que el dueño recibía de la cosecha. El tercer año equivalía al fluir de las cosas de Dios viniendo juntas y trabajando como una sola (Eclesiastés 4:12). El cuarto año equivalía a la tierra que tenía que devolver (producir su fruto) al Señor a través del sacrificio del dueño de la cosecha (Levítico 19:23-25).

¡El quinto año es cuando ellos recibían de sus cosechas debido a la gracia de Dios! Algunas veces pensamos que deberíamos recibir inmediatamente cuando plantamos nuestras semillas. Yo creo que tú deberías recibir ahora (Marcos 11:24). ¡La fe siempre es ahora! Cuando nosotros leemos la Palabra de Dios en Hebreos 11:1, vemos que la fe no es mañana y no es la próxima semana; ¡Sino que es AHORA!

Cuando nosotros vemos a través de los ojos de la fe, vemos el árbol en la semilla. Es por eso que cuando alguien nos observa y pregunta qué estamos plantando, nosotros les decimos árboles de manzana, porque eso es lo que vemos en aquella semilla. Lo que nosotros no decimos es, "Estoy esperando plantar una semilla que me dará un árbol de manzana un día". En tanto tú solamente esperes por una cosecha, tú nunca recibirás una cosecha porque no plantarás la semilla. Esta es la razón por la cual las personas tienen un problema con dar al Señor; ellos no ven el final desde el principio de su dar. Ellos todavía ven la semilla en su mano, y no el árbol sobre el cual tienen poder para plantar lo que ellos más necesitan. Entonces lo que tú estás de esa semilla es lo que vendrá a través de tu cosecha.

Nuestro hermano Pablo nos mostró a través de la Palabra de Dios cómo recibir nuestra cosecha. En la primera carta a los Corintios 15:31 (NVI) dice: "Que cada día muero – hermanos – es tan cierto como el orgullo que siento por ustedes en Cristo Jesús nuestro Señor".

En Lucas nosotros leemos que debemos negarnos a nosotros mismos y tomar nuestra cruz y seguirle a Él (Lucas 9:23). Para que tú y yo caminemos en el poder de nuestra cosecha debemos morir a diario, a través del poder de la cruz que cargamos.

¡El poder de la cosecha es conocer que el Señor ha pagado el precio que necesitamos para que tú y yo entendamos cada día que nuestras vidas ya no son nuestras, sino Suyas! En tanto la semilla esté sobre la tierra no puede producir la cosecha que el agricultor está buscando, a pesar de que tenga la luz del sol y el agua que puede ser vertida sobre ella.

Pablo estaba diciendo que él tenía todo lo que pudiera ser considerado como algo grande para otros que veían su ministerio directamente. Luego él declara que tenía todo eso por pérdida para poder ganar a Cristo (Filipenses 3:3-7). Pablo podría haberse jactado acerca de todo lo que había hecho antes de conocer a Cristo, y eso hubiera parecido bien a aquellos que caminaban en la carne (Filipenses 3:3-7). El eligió la gloria en las cosas que significaban más para él que la vida misma, y eso era Jesús.

Para ver el poder de la cosecha que hemos estamos esperando, nosotros tenemos que ser como Pablo y esa semilla que está sobre la tierra y proseguir a la meta del supremo llamamiento de Dios en Cristo Jesús (Filipenses

3:14). Para que la cosecha produzca, esa semilla, la cual está en la mano de Dios (tu vida) debe entrar en la tierra (este mundo) para ser partida por el agua [la Palabra de Dios] que trae una gran presión cuando la luz del sol [Jesús] es revelada.

Esto lleva tiempo en desarrollar a la plenitud de lo que hemos estado esperando en esta estación de cosecha de la vida. En Santiago 1:2-4, el hombre de Dios estaba hablándonos acerca de cuando pasamos por toda clase de pruebas, debemos saber que la prueba de nuestra fe desarrolla paciencia [perseverancia o resistencia].

Nosotros permitimos que nuestra paciencia complete su trabajo de modo que podamos ser maduros y completos sin que nada falte. Se requiere fe y paciencia para ver que la cosecha que ha sido sembrada tenga lugar en la estación en la cual estás. Las pruebas a través de las cuales tú estás pasando no son otra cosa que estaciones diferentes que están poniendo presión sobre la cubierta para traer la vida que está dentro de la misma.

La cosecha está en camino. Tú debes saber que el sol está brillando todavía, aun cuando no puedas ver la luz que éste trae. Has tu mejor esfuerzo y sabe que el Señor hará el resto, hijo de Dios ¡porque tú cosecha está esperando por ti!

Capítulo 10

ADORACIÓN: UN RITO DEL SERVICIO QUE MUESTRA REVERENCIA POR UNA DEIDAD. AMOR O ADMIRACIÓN INTENSOS

En Mateo 3:17 escuchamos al Padre decir: *"Este es mi hijo amado en quien tengo complacencia."* Nosotros sabemos que todos aquellos que estuvieron parados alrededor en ese tiempo escucharon lo que el Padre dijo, y sabemos que el enemigo escuchó estas mismas palabras del cielo habladas por el Padre. Pero antes que estas Palabras fueran habladas por el Padre ¡dice que el Espíritu del Señor reposó sobre Jesús!

Cuando yo estaba regresando de Nairobi, Kenia, el Señor habló a mi corazón acerca de la verdadera adoración en el espíritu y cómo Él quería que yo supiera cómo moverme hacia esa dimensión del espíritu.

En Mateo 4:1 nosotros vemos a Jesús siendo guiado por el Espíritu Santo hacia el desierto para ser probado por el enemigo en Su llamado sacerdotal. Los judíos creían que uno tenía que tener 30 años antes de llegar a ser un sacerdote y es por eso que no escuchamos acerca de Jesús desde el tiempo en que él tenía doce años hasta ahora. Dios el Padre lo ungió a Él y luego dijo: "¡Éste es Mi sacerdote, el cual he llamado a Mí mismo para mostrarles a ustedes cómo adorarme a Mí en espíritu y verdad"!

Cuando nosotros continuamos leyendo los versículos 8-9, nosotros vemos al enemigo probando a Jesús en la dimensión del espíritu para ver si Él cedía así como Adán cedió al principio a la tentación de este mundo y esta vida. Satanás mostró a Jesús todos los reinos de este mundo y la gloria de ellos. Satanás luego dijo: "... Todas esto te daré, si te arrodillas delante de mí y me adoras".

Satanás sabía que si eso hubiera sucedido, entonces la misma cosa detrás de la cual andaba al principio cuando él estuvo en el cielo antes que el Padre lo echara a él con la tercera parte de los ángeles, ahora se daría. ¡Él sería tal como Dios! Lo que el enemigo quería era que este segundo Adán fuera como el primer Adán y cediera a una mentira.

La verdadera adoración nos coloca en una dimensión donde Dios es glorificado en lo mismo que Él creó para esa razón. El enemigo sabe eso y nos odia por esa misma causa, porque él una vez fue el adorador en el cielo y ahora ve al hombre en ese rol; él odia que nosotros ahora estemos en el lugar donde él estuvo.

Cuando yo estaba viendo esta parte de las escrituras, yo vi algo nuevo a través de los ojos del Espíritu Santo que yo no había visto antes. Cuando el enemigo le pidió a Jesús que se postrara y lo adorara a Él, entonces él le daría los reinos de este mundo y la gloria de ellos; esto trajo algo que Jesús dijo en Mateo 6:24. Él dijo que nosotros no podemos servir a dos maestros porque amaremos a uno y odiaremos al otro. Él entonces me mostró algo que realmente vi cuando leí que el enemigo le dijo a Jesús acerca de que Él se postrara y le adorara a él [Satanás]. Es allí cuando esto me impactó con respecto a lo que Jesús dijo acerca de dos maestros.

¡Nosotros escuchamos a Jesús decir que uno no puede adorar a Dios y al Dinero! Él no dijo nada acerca de adorar a Satanás. Entonces el enemigo no solamente estaba pidiéndole a Jesús postrarse y adorarlo a él, sino adorar el sistema que es regido por el amor al dinero. Cuando nosotros no conocemos nuestra identidad seguiremos al o nos postraremos ante el sistema de este mundo a través de la falta de dinero, la cual tratará de arrebatar lo que Dios nos ha dado a través de Su Hijo Jesús, ¡quien es nuestra identidad!

¡El amor al dinero es la raíz de todo mal (I Timoteo 6:10)! Cuando nosotros vamos detrás del dinero más que de Dios, nos postramos ante los sistemas de este mundo y cedemos a la gloria de ellos a diario. Es más fácil ir en pos del dinero que confiar en Dios.

Sí, nosotros necesitamos el dinero para ayudar al evangelio a avanzar en poder; pero es otra cosa cuando lo colocamos antes que a Dios y decimos que el Señor conoce nuestro corazón. Por favor vuelve atrás y examina tu corazón y ve en quién confías más; ¿tu trabajo, tu familia o Dios? Cuando nosotros entendemos nuestra verdadera identidad entonces nos movemos hacia la adoración que hace que veamos más allá de lo que sentimos y pensamos que sabemos.

En Romanos 12:1, Pablo está pidiendo a los Romanos que entiendan el verdadero sacerdocio del ministerio y cómo éste opera cuando ellos caminan en el poder de su identidad. Él dijo que cuando uno conoce quién es uno como sacerdote real, la primera cosa que uno hará es entregarse a sí mismo a Aquel que lo ha llamado en este santo oficio (Números 18:7). Entonces tú te pones sobre el altar de Dios y el fuego de Él cambia tu vida, y solamente entonces ésta puede ser santa [separada] y aceptable [recibida] por Dios el Padre como tu culto racional [algo que no es nuevo].

Yo sé que nosotros preguntamos cómo podemos hacer esto cuando somos solamente carne y sangre. El Señor conoce que somos solamente humanos y que erramos al blanco debido a esa área de nuestras vidas. Si tomáramos el llamado del sacerdocio más en serio no haríamos las cosas que hacemos hoy en la iglesia y aun en casa.

En el Antiguo Testamento, si uno desobedecía los mandamientos del Señor como sacerdote, ¡uno moría! Si uno iba a un lugar donde uno no había ido antes ¡uno moría! ¡Si uno tocaba las cosas equivocadas moría! Ellos tomaban su llamado muy en serio, porque de lo contrario no vivirían para contarlo.

En II Corintios 6:17 Pablo dice,

> *"Por lo tanto el Señor dice:*
> *'Salgan de en medio de ellos, y apártense; y no*
> *toquen lo inmundo; y yo los recibiré'".*

Nosotros no podemos amoldarnos a este mundo o a esta vida (Romanos 12:2).

Cuando nosotros caminamos en esta identidad que Dios nos ha dado, sabremos el verdadero poder de esta adoración, ¡de la cual el mundo ya no puede sacarnos! Verás, el sacerdote tenía la oportunidad de conformarse a las cosas que estaban alrededor de ellos así como todo el mundo, pero el fin hubiera sido muerte. Cuando nosotros le permitimos a la Palabra de Dios alcanzarnos y enseñar a nuestras mentes para recibir lo verdadero de quiénes somos, entonces el poder de la misma Palabra nos transformará en la identidad que fue perdida al principio con Adán y Eva.

La renovación de la mente es para llevarnos de regreso al lugar donde la caída del hombre empezó, de regreso a la imagen y semejanza de Dios el Padre. ¿Cómo podemos comprobar cuál es la "buena y aceptable y perfecta Voluntad de Dios" si nuestras mentes no están renovadas por Su Palabra que viene a través de adorarle verdaderamente a Él? Debemos tener evidencia de que esta manera de pensar es el poder de Dios; ¡y la única manera en que eso puede suceder es cuando caminamos en la verdad de quién Dios el Padre dijo que somos en Cristo Jesús!

De regreso en el avión de Nairobi, Kenia, el Espíritu Santo me llevó a Juan 4:24, cuando Jesús dijo que,

> *"¡Dios es Espíritu; y es 'NECESARIO' que los que le adoran, lo adoren en espíritu y en verdad!"*

Nuestra identidad es a través del Espíritu que está dentro de nosotros, que permite que el Espíritu Santo nos guíe diariamente porque sin el Espíritu de Dios no podríamos andar en nuestra condición de hijos en Cristo Jesús (Romanos 8:14). El Señor me dijo, "hijo, la manera en que verdaderamente me adoras es permitir al Espíritu Santo guiar tu espíritu humano hacia Mí [Jesús] y cuando tú hagas eso yo abriré la puerta al corazón de nuestro

Padre y entonces Él recibirá tu ofrenda de verdadera adoración a Él".

En Juan 16:7, nosotros vemos cuán importante es el Espíritu Santo para adorar al Padre en espíritu y en verdad. Jesús dijo que él tenía que irse para que el Consolador viniera; y cuando Él viniera Él sería llamado el Espíritu de verdad, y el nos guiaría a toda [sin faltar nada] Verdad [Jesús]: y que Él no hablaría por sí mismo; sino que hablaría de lo que Él oyera, y nos mostraría las cosas por venir. *"Él me glorificará, porque tomará de lo mío y se los hará saber". Todo lo que tiene el Padre es mío; por eso dije que tomará de lo mío, y se lo dará a conocer a ustedes".* (Juan 16:13-15). El nos mostrará nuestra verdadera identidad a través de adorarlo a Él con una mente renovada.

Cuando nosotros adoramos a Dios en espíritu y en verdad, ¡nos movemos a un lugar donde Él y solamente Él es digno de nuestra adoración! Lo que el enemigo odia es cuando nosotros podemos ver más allá de lo que Dios ha hecho y aun cuando Él no haga nada más, nosotros seguiremos adorándole a Él en espíritu y en verdad. Nosotros le damos a Él alabanza por lo que ha hecho por nosotros, pero le adoramos por lo que Él es para nosotros.

Cuando Dios me permitió ir al cielo por tercera vez, yo estaba parado en el trono del Padre y tan lejos como mis ojos podían ver había gente de cada raza y nación sobre sus rodillas delante del trono de Dios. Yo le pregunté al Padre quiénes eran esas personas y de donde venían. Él me dijo: ¡"Estas son las almas que tú has ganado para el Reino"! Yo luego vi a Jesús como la Palabra de Dios y luego miré a mi derecha y vi a los veinticuatro ancianos que echaron sus coronas delante de la Palabra de Dios.

Yo luego escuché un clamor viniendo hacia mí y era un ángel que clamaba, "Santo, Santo, Santo", El iba alrededor del trono de Dios y regresaba diciendo nuevamente "Santo, Santo, Santo". Yo le pregunté al Padre, "¿Por qué él clama Santo, Santo, Santo una y otra vez?" Él dijo, "porque cada vez que él viene a Mi trono, él ve algo en Mí que no ha visto antes, ¡y entonces el clama Santo, Santo, Santo!"

Hay un lugar en Dios que hará que tú y yo clamemos Santo, Santo, Santo, si es que nosotros simplemente nos abrimos paso a la dimensión de nuestra verdadera identidad. ¿Quién eres?

www.ingramcontent.com/pod-product-compliance
Lightning Source LLC
Chambersburg PA
CBHW050558300426
44112CB00013B/1976